保育の

伝わる　現場ですぐに使える！

文章&話し方のきほん

鎌倉女子大学
浅井拓久也

日本文芸社

はじめに

本書を手に取られたということは、きっと保育の現場で「書くこと」や「伝えること」で悩んでいるのではないでしょうか。あるいは、もっとうまく書けるようになりたい！　もっとわかりやすく伝えたい！　と思っているのではないでしょうか。その悩み、本書を読めばスッキリ解決します。

どうして解決するかというと、本書には悩みを解決するための３つの処方箋が書かれているからです。

１つめは、保育者が書かなくてはならないほぼすべての書類の書き方を説明しているからです。連絡帳、指導計画、クラスだより、お詫びやお願いの通知文。保護者に送るメールやブログ。最近はやりのドキュメンテーション。これらの書類をどうやって書いたらよいか、何を意識して書けばよいのか、どこに着目すればわかりやすく書けるかを説明しています。多数の文例も掲載していますから、必要なときにサッと使うこともできます。

２つめは、保育者が身につけるべき話し方や話の聞き方を説明しているからです。保育では、「書く」だけではなく、「話をする」「話を聞く」ことも大切です。でも、多くの書籍では「書く」ことだけか、「話をする」ことだけしか説明していません。「話を聞く」ことにいたっては触れていない場合も多くあります。だからこそ本書では、「書く」も「話をする」も「話を聞く」も全部説明しています。このどれもが、保育で必要だからです。

３つめは、たくさんの実例を使っているためイメージがわきやすく、理解しやすいからです。たとえば、実際に保育者が書いた指導計画や保育記録、ドキュメンテーション、クラスだよりを使って文章の書き方を説明しています。話をしたり聞いたりする説明では、保育「あるある！」の場面や状況を使って説明しています。特に、最近は感染症拡大防止のためマスクを着用しています。マスク着用時の話し方という今の保育現場に必要なことも、しっかり説明しています。

本書を読み終わる頃には、「書くこと」や「伝えること」の悩みはなくなり、文章をスイスイ書く力、わかりやすく話をする力、きちんと話を聞く力がぐんとアップしているでしょう。

さあ、さっそく次のページへ進みましょう。そして、どんどん読み進んでください。

本書を読むことで、みなさまの保育がもっと楽しくなる、グッとラクになる、そして保育をすごく好きになる、そんな変化が起きることを願っています。

浅井拓久也

この１冊で

「伝わる」書き方・話し方が身につく！

ある保育者の１日

登園

登園時は、保護者と直接会話をし、保育に必要な情報を確認する大事な時間です。子どもにとっては、保育者の「おはようございます」という挨拶が、園の１日の始まりを意識するきっかけとなります。

→ P.146　子どもを預かるとき・帰すときの話し方

クラス別保育

子どもの気持ちを聞き出したり、代弁したり、正しい言葉遣いを教えたりと、子どもへの言葉かけにはさまざまな役割があります。子どもの発達に応じた言葉かけをすることも大切です。

→ P.162　子どもへの言葉かけのポイント

休憩

午睡の時間に、子どもの様子を見守りながら、連絡帳や保育記録などの書類を作成します。

→ P.22　連絡帳 書き方の基本

→ P.124　保育記録 書き方の基本

降園

１日の終わりは、お迎えに来た保護者をねぎらい、前向きな話をして締めくくりたいもの。子どもの健康状態や様子についても丁寧に伝えましょう。

→ P.146　子どもを預かるとき・帰すときの話し方

退勤

教室の掃除や明日の仕事内容の確認などをして、保育者の１日が終了。夜間保育がある園の場合、遅番の保育者への引き継ぎも欠かせません。

本書の使い方

書き方にまつわる悩みを解決！

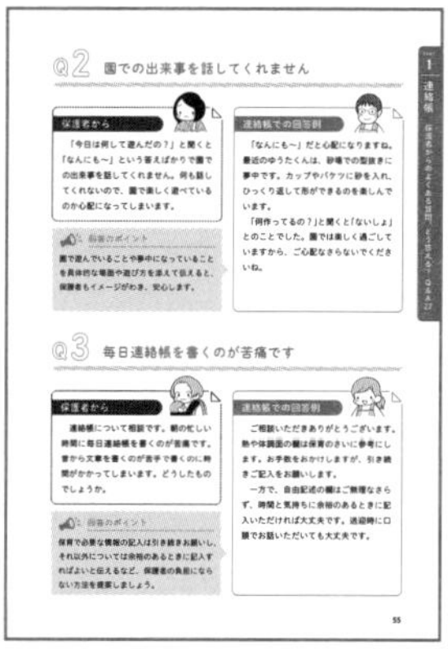

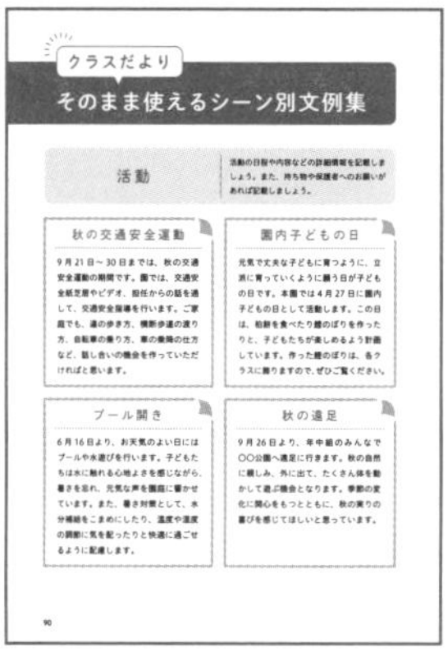

連絡帳、指導計画、クラスだよりなどの文書ごとに、書き方の基本と豊富な文例を掲載しています。連絡帳の項では、保護者からのよくある質問と回答のポイントをまとめたQ&Aを設けています。回答に悩んだときは、ぜひこちらを参考にしてみてください。

話し方にまつわる悩みを解決！

「伝わる」話し方の基本はもちろん、保護者への謝罪、お願い、ねぎらいなどの状況別にポイントとフレーズ集を掲載しています。保護者とのコミュニケーションを円滑にするための聞き方、子どもへの言葉かけのポイントもまとめています。

序章　大事なのは、保護者と信頼関係を築くこと

相手の視点に立って物事を考える

書き方や話し方のスキルを学ぶ前に、もっと大切なことがあります。相手の視点・立場に立ってものを考えるということです。保育での書く、話す、聞くは、いずれも保護者という相手がいることで成立するものです。ですから、保護者はどう読むか、どう思うか、どう感じるかという相手目線で物事を考えて書いたり、話をしたり、話を聞いたりすることが何より大切なのです。相手目線を忘れてしまって、スキルを身につけることばかり夢中になっても、そのスキルが生きることはありません。

もし、保護者との関係がうまくいっていないという場合、相手目線で考えることを意識してみてください。「もしかしたら、自分目線で文章を書いていなかったか？　自分目線で話をしていなかったか？」と考えてみると、今までは気づかなかった解決策が見えてくるかもしれません。結果を変えるには行動を変える必要がありますが、行動を変えるには考え方を変える必要があります。それは、自分目線から相手目線で考える、という捉え方へ変えるということです。常に、相手目線で考えることを意識しましょう。

誠実さなくして親しみやすさは生まれない

「親しみやすい先生」、こうした先生像に憧れる保育者もいます。もちろん、話しにくかったり近寄りがたかったりする先生よりも、親しみやすい先生のほうがずっとよいでしょう。ですが、保育者と保護者は友達ではありません。

「保育所保育指針」という保育のルールブックにも書いてあるように、保育者は保育や子育て支援の専門家であり、保護者に指導する立場でもあります。ですから、保育者としてまず目指すべき姿は、親しみやすさではなく、専門家として信頼されることです。誠実に、丁寧に、真摯に保護者や子どもと向き合う。これらの積み重ねが信頼につながります。

信頼がベースにあれば、自然と親しみやすさはついてきます。保護者や同僚に好かれることや親しみやすいと思ってもらうことを考える前に、「自分は保護者や同僚から信頼を勝ち得ているだろうか？　それだけの振る舞いをしているだろうか？」と考えてみましょう。それが、親しみやすい先生になるもっとも近道なのです。

焦らず、時間をかけて取り組む

先ほど、保護者や同僚から信頼をされることが大切だと説明しました。信頼関係は、人間関係の根っこになりますから、そう簡単に作れるものではありません。焦らず、あわてず、急がず、じっくりと時間をかけて信頼関係を作っていきましょう。

みなさんも、信頼している友人がいるでしょう。では、そのような友人をどうやって作りましたか。たくさんの時間をかけてさまざまなことを一緒に経験していくなかで、少しずつ信頼していったのではないでしょうか。保育者と保護者の関係でも同じです。焦らず、じっくりと時間をかけて保護者との信頼関係を作っていきましょう。

小さなことをコツコツ積み重ねよう

信頼関係を作る、誠実に振る舞う、丁寧に接するとは、どういうことでしょうか。じつは、それほど難しいことではありません。小さなことを丁寧に、コツコツと積み重ねるということです。相手に聞こえる声で元気よく挨拶をしていますか。保護者や子どもの名前をきちんと覚えましたか。きちんとお礼の気持ちを伝えていますか。こうしたささいな、でも大事なことを積み重ねていくことが、誠実さ、丁寧さ、真摯さそのものであり、信頼関係を築くことにつながっていくのです。「千里の道も一歩から」と言います。小さなことをコツコツと積み重ねていく意識をもって保護者と接していきましょう。

保護者の質問にきちんと答える

保護者は保育者にさまざまなことを頼んだり質問したりします。これらにきちんと対応することが、信頼を得る近道です。にもかかわらず、「頼まれたことがわからなくなってしまった」「すっかり忘れていた」「あとから答えるつもりだった」という保育者もいます。これでは、保護者から信頼を得ることはできません。それどころか、保護者は保育者に不信感や憤りをもつようになります。どれほど上手に文章が書けても、わかりやすく話ができても、きちんと話が聞けても、保護者と保育者の間にしっかりとした信頼関係がなければ、そうしたスキルは「宝の持ち腐れ」になってしまいます。保護者からの質問にはきちんと答えることを常に意識しておくことが大事です。

転職、復職はスキルを活かすチャンスと考える

保育者になる前は、ＩＴ企業で働いていた、出版社の営業部にいた、という方もいるでしょう。保育者として勤務していたが出産のため退職して、それからしばらくは子育てをしていたという方もいるでしょう。もしかしたら保育者として働くことに不安を覚えているかもしれません。ですが、安心してください。保育者向けの園内外の研修はたくさんあります。本書のように、保育者のスキルアップのコツをまとめた書籍もたくさんあります。こうした研修や書籍を通してスキルアップすることができます。

何よりも、保育以外の仕事で身につけたスキルや考え方、子育ての経験は保育にとても役立ちます。IT のスキルは園の業務改善や業務効率化に役立ちます。営業の経験は名刺を作ったり交換したりするなど、子どもの遊びに生かせます。自分自身に子育ての経験があれば、保護者の気持ちや立場を理解しやすくなります。ですから、保育の世界に飛び込むことに不安を覚える必要はありません。転職や復職は、それまでに身につけてきたスキルや経験を保育に活かすチャンスなのですから。

保護者に使ってはいけない３つのNGワード

保護者に使ってはいけない、でもつい、うっかり使ってしまう言葉が３つあります。

３つのNGワード

①「了解しました」

②「ご苦労様でした」

③「ご報告ありがとうございます」

この３つは、上司が部下に対して使うように、上の立場の人が下の立場の人に使う言葉です。これらの言葉を使うと、保育者が上、保護者が下、というメッセージを送ることになってしまうのです。こうした言葉を保育者が使うと、保護者はとても不快に思うことがあります。

ここで重要なのは、保育者と保護者でどちらが上か下かという上下関係を問題にしているわけではないということです。上下関係を匂わす言葉を使って、わざわざトラブルを招いたり、保護者との信頼関係を壊したりする必要はないのです。

では、どうすればよいのかというと、

①了解しました　→承知しました

②ご苦労様でした　→いつもありがとうございます／よろしくお願いいたします

③ご報告ありがとうございます　→ご連絡ありがとうございます／教えていただきありがとうございます

という言葉に変えて使うようにしましょう。こうした言葉は、上下関係を示すことはありませんから、保護者が不快に感じることもありません。

見方を変えて「味方」にする

「いちいちうるさい保護者だな」と思うか、「いろいろな意見を言ってくれる保護者だな」と思うかによって、保護者との関係は変わってきます。保護者に対して否定的な見方をしていると、気づかないうちに態度に表れます。保護者もそれに気がつきますから、保育者と保護者の関係はけっしてよくなりません。

ですが、物事にはよい面と悪い面があります。保護者のよいところを見つけようとする肯定的な見方をすると、保護者との関係もよい方向に変わってきます。そうすると、保護者は保育者の心強い味方になってくれます。保護者を非難したり批判したりして、保護者に変わってもらうことを願ったり強要したりするのではなく、自分の見方を変えるようにします。そのほうが、ずっとラクで、簡単です。自分の見方を変えるだけで、保護者はあっという間に味方になってくれるのです。

もくじ

PART2 伝わる「話し方」・信頼される「聞き方」

本書に記載している情報は2022年12月現在のものです。

PART

1

伝わる文章の「書き方」

連絡帳、指導計画、クラスだよりなど、保育の現場では文章を書く機会が多々あります。この章では、書き手の意図や思いが「伝わる」文章を書くコツを、豊富な文例とともに解説します。

本書を読む前に

保育の方向性を示す「10 の姿」

10 の姿は、正式には「幼児期の終わりまでに育ってほしい姿」といいます。卒園までに子どもを育てたい姿であり、保育者の保育の方向性を示しています。

10 の姿とは

- 健康な心と体
- 自立心
- 協同性
- 道徳性・規範意識の芽生え
- 社会生活との関わり
- 思考力の芽生え
- 自然との関わり・生命尊重
- 数量や図形、標識や文字などへの関心・感覚
- 言葉による伝え合い
- 豊かな感性と表現

伝わる文章を書くための基本16のルール

わかりやすい文章を書くためのルールがあります。ルールを身につけ、わかりやすい文章を書くことで、保護者や同僚保育者から信頼されるようになります。

ルール1 決めつけをしない

子どもは日々成長しています。また、日によって体調や気分が変わることがあります。そのため、子どもの性格や特徴を断定的に書くことは好ましくありません。この子はこうだから、という決めつけをするような書き方は、保護者からの信頼を失うことになるだけでなく、自分自身の物の見方も固定的になってしまいます。決めつけそうになったら、他の見方はないかと考えるようにしましょう。

＼ NG例 ／

まゆちゃんは控えめな性格なので、自己主張の強いゆうたくんと衝突することがあります。

＼ OK例 ／

まゆちゃんは友達の意見をきちんと聞いてから自分の意見を言えます。

子どもの性格や特徴は、そう簡単に判断できるものではありません

ルール2 ポジティブな表現をする

マザー・テレサは、「言葉に気をつけなさい。それはいつか行動になるから」と話したそうです。否定的な言葉を使うと、子どもの否定的な姿ばかり目につくようになります。

保育は子どものよさを伸ばすために行うもの。否定的な表現を使いそうになったら、その子のよさを思い出し、前向きな表現に言い換えられないか考えるようにしましょう。

＼ NG例 ／

まゆちゃんは自分の気持ちを上手に伝えることが苦手なようです。

＼ OK例 ／

まゆちゃんは自分の気持ちを伝える言葉を慎重に選んで話してくれます。

肯定的な表現を心掛けることは、子どものよさを見つけることにもつながります

ルール3 テーマを決めてから書く

何を書くかを考えながら書くと、とてもわかりにくい文章になります。書き始める前に、何を伝えたいのかというテーマを考えるようにしましょう。あらかじめ決めたテーマに関係のあることだけを書くようにすると、わかりやすい文章になります。

＼ NG例 ／

今日の午前中の自由遊びでは友達と一緒に積み木を使って遊んでいました。お昼ごはんでは好物のカレーをおかわりしてもりもり食べていました。絵本を読んだり、お絵かきもして楽しく過ごしていました。

何が言いたいのかよくわからなくなっちゃった……

＼ OK例 ／

今日の午前中の自由遊びでは、友達と一緒に積み木を使って遊んでいました。仲よしの友達を誘って、積み木でたくさんの自動車を作っていました。いろいろな自動車ができて、とても素敵でした。

伝えたいことをギュッと絞ることが大切です

ルール4 1つの文では1つのことだけ

1つの文では1つのことだけ伝えることで、わかりやすい文章になります。そのためのコツは、1つの文をできるだけ短くすること。そうすると、1つの文にあれもこれも詰め込むことができなくなり、結果として1つのことだけを伝えやすくなります。

＼ NG例 ／

まゆちゃんはプールが大好きで、最近は登園すると「今日はプールあるの」と聞くことが多く、今日のプール遊びではすごく楽しそうに遊んでいて、「先生、水に顔をつけられるよ」と教えてくれました。

あれもこれも1文に入っていてわかりにくい！

＼ OK例 ／

今日はプールの時間がありました。まゆちゃんはプールが大好きで、プールの時間はいつもとても楽しそうにしています。「先生、水に顔をつけられるよ」と嬉しそうに教えてくれました。

1文を短くして、1つの文では1つのことだけ伝えましょう

ルール5 主語と述語を対応させる

主語と述語が対応していないと、意味がわかりにくい文になります。特に、日本語は主語を省略することが多く、いつの間にか主語が変わってしまっていることがあるので注意する必要があります。

文章を書き終えたら必ず読み直し、主語と述語が対応しているかという視点からチェックするとよいでしょう。

＼ NG例 ／

今日の絵本の時間はまゆちゃんが絵本を選んでくれました。最近のブームは英語を話しますので、英単語が書いてある絵本を選んでくれました。いろいろな英単語をみんなに教えてくれます。

「英語を話します」の主語って何だっけ？

＼ OK例 ／

今日の絵本の時間はまゆちゃんが絵本を選んでくれました。まゆちゃんの最近のブームは英語を話すことなので、英単語が書いてある絵本を選んでくれました。いろいろな英単語をみんなに教えてくれます。

主語と述語の「ねじれ」に注意しましょう

ルール6 主語と述語の距離を近づける

主語と述語の距離が遠いと、わかりにくく、誤解を招く文になります。また、主語と述語が対応しない文にもなりがちです。

わかりやすい文にするためには、主語と述語をできるだけ近くに書くのがポイントです。そのためには、修飾語を削除して１文を短くするとよいでしょう。

＼ NG例 ／

まゆちゃんは、以前は水が顔につくと嫌がっていたこともあって室内で積み木や粘土で遊びたがっていたプール遊びをいつも仲よしの友達と一緒に楽しく過ごしていました。

主語と述語がわからなくなっちゃった！

＼ OK例 ／

まゆちゃんはプール遊びを楽しんでいました。仲よしの友達と水をかけ合ってはしゃいでいました。「また明日もプールで遊びたい！」と嬉しそうに私に伝えてくれました。

修飾語を減らして、１文を短くしましょう

ルール7 保護者にしてほしいことを具体的に

文章を読んだ保護者に何をしてほしいのかを明確にしましょう。具体的には、保護者に①確認、②判断、③行動のどれをしてほしいのかを明確にします。さらに、いつまでにという期日も明記するとよいでしょう。このように、保護者にしてほしいことを明確にすることで、保護者は自分が何をすればよいのか把握しやすくなります。

＼ NG例 ／

まゆちゃんはスプーンやフォークを上手に使って食事をとることができるようになってきました。次年度は年長組ですから、そろそろお箸を使って食べるようになっていけたらと思います。

保護者に何をしてほしいんだっけ？

＼ OK例 ／

まゆちゃんはスプーンやフォークを上手に使って食事をとることができるようになってきました。次年度は年長組ですから、少しずつお箸を使って食べるようにしますので、来週からお箸を持参してください。

お箸を持参するという「行動」をしてほしいと伝えます

ルール8 伝えたい内容を整理・分類

1つの段落には1つのことを書くとわかりやすい文章になります。そのさい、伝えたい内容を整理、分類して、その内容（テーマ）によって段落を変えるようにします。（1）（2）（3）のような数字をふったり、文頭に「・」を入れた箇条書きを使うと、視覚的にもわかりやすくなります。

＼ NG例 ／

明日はプール遊びがあるので着替えを用意してください。来週の運動会は保護者様も参加できますのでぜひご参加ください。プール遊びがあるので、まゆちゃんの体調が悪い場合は登園時に教えてください。

プール→運動会→プールと話が飛んじゃった！

＼ OK例 ／

・明日はプール遊びがあるので
（1）着替えを用意してください。
（2）まゆちゃんの体調が悪い場合は登園時に教えてください。
・来週の運動会は保護者様も参加できますのでぜひご参加ください。

パッと見ただけで分類がわかるようにしましょう

ルール 9 使う用語と文体は統一

同じ意味の言葉を統一することで、読み手に伝わりやすい文章になります。たとえば昼食後にとる睡眠であれば、「お昼寝」「午睡」「午後睡眠」はすべて同じ意味です。１つの文章ではどれか１つに統一するようにします。文章を書き終えたら、同じ意味の言葉を探して統一するようにしましょう。

NG例

お昼寝の時間に使うタオルケットを持参してください。午睡時は汗をかくので薄めのタオルでも大丈夫です。

同じ意味の言葉を統一するのを忘れちゃった！

OK例

お昼寝の時間に使うタオルケットを持参してください。お昼寝のときは汗をかくので薄めのタオルケットでも大丈夫です。

「お昼寝」「タオルケット」と統一するとわかりやすい！

ルール 10 接続詞を正しく使う

接続詞を正しく使うことで、読み手はスイスイ文章を読めるようになります。なぜなら、文と文の関係がわかりやすくなるからです。

特に注意したい接続詞が「が」です。「が」には、「そして」「だから」「しかし」など、さまざまな意味があります。「が」以外の、もっとわかりやすい接続詞を使うようにしましょう。

NG例

日中は熱中症指数も高かったです。お散歩ではなく室内遊びをしました。給食はおかわりもして、しっかり食べましたが、午後の自由遊びでは友達と楽しそうに遊んでいました。

文と文のつながりがわかりにくくなっちゃった……

OK例

日中は熱中症指数が高かったので、お散歩ではなく室内遊びをしました。給食はおかわりもして、しっかり食べました。その後、午後の自由遊びでは友達と楽しそうに遊んでいました。

「から」「その後」を入れると、わかりやすくなりますよ

ルール11 名詞の修飾は短く

名詞の前の修飾表現が長いと、わかりにくくなるだけではなく、主語と述語のねじれが生じやすくなります（ルール5参照）。そこで、名詞の前の修飾表現はできるだけ短くしましょう。そのためには、修飾表現を独立した文にして切り分けてしまうとよいでしょう。

＼ NG例 ／

まゆちゃんはリレーのアンカーをつとめることもあってずっと張り切ってきた明日に迫った運動会のことを楽しみにしています。ぜひまゆちゃんの頑張りを楽しみにしていてくださいね。

運動会の前の修飾表現が長すぎてわかりにくいかも？

＼ OK例 ／

まゆちゃんは明日の運動会を楽しみにしています。リレーのアンカーをつとめることもあって、ずっと張り切ってきました。ぜひまゆちゃんの頑張りを楽しみにしていてくださいね。

運動会の前の修飾表現を切り分けるとよいでしょう

ルール12 オーバーな表現は使わない

連絡帳はSNSとは異なります。保育の専門家である保育者が書く公的な書類の１つです。また、連絡帳は友達ではなく、保護者が読み手です。そのため、「！」や顔文字を多用したり、「すっごい」や「超〇〇」のような大げさな表現を使ったりすることは避けましょう。

＼ NG例 ／

今日の芋ほりではまゆちゃんはすっごい大きなお芋を掘りました!!!　クラスのみんなもびっくりです!!　ご家族みんなで召し上がってくださいね！

まるでSNSの投稿みたいになっちゃった

＼ OK例 ／

今日の芋ほりではまゆちゃんは大きなお芋を掘りました。大きなお芋だったので、クラスのみんなもびっくりしていました。ご家族みんなで召し上がってくださいね。

連絡帳は保育の書類の１つであることを忘れずに！

ルール13 読点を入れて読みやすく

読点とは「、」句点とは「。」のことです。文章を読みやすくするために、意味の区切りなどの節目では「、」を入れましょう。

とはいっても、必要以上に読点が多い文も読みにくいものです。そこで、読点が多くなるときは1文が長くなっているでしょうから、文を2つに分け、1文を短くして読点を減らすとよいでしょう。

＼ NG例 ／

今日は公園に行きました。公園では落ち葉をたくさん拾って園に戻ってからみんなにあげていました。明日は落ち葉を使った製作活動をしますのでまゆちゃんの作品を楽しみにしていてくださいね。

意味の区切りを考えないまま書き進めたせいで、1文が長くなって読みにくくなっちゃった

＼ OK例 ／

今日は公園に行きました。公園では落ち葉をたくさん拾って、園に戻ってからみんなにあげていました。明日は落ち葉を使った製作活動をしますので、まゆちゃんの作品を楽しみにしていてくださいね。

意味上の区切りになる箇所に読点を入れることで、グッと読みやすくなりますよ

ルール14 普段から子どもの様子を観察してネタをストック

いざ連絡帳を書こうとしても、今日は書くことがないな……ということがあります。そんな事態に陥らないためには、日頃から子どもの育ちをしっかり見取り、育ちを伝えるネタをストックしていく必要があります。

子どもの育ちをしっかり見取るためには、「幼児期の終わりまでに育ってほしい姿」（通称「10の姿」）の視点を活用するとよいでしょう。子どもの育ちを10の視点から多面的に見取ることができ、育ちを伝えるストックがぐんぐん増えていきます。そのため、連絡帳にも子どもの多様な育ちを書くことができるようになるのです。

ルール15 保護者からの要望や質問にきちんと回答する

連絡帳には保護者からの要望や質問が書かれていることがあります。このようなときは、それらの要望や質問に対してきちんと回答しましょう。適切な回答をすることで、保護者との信頼関係を築くことができます。

もちろん、すぐに回答できないこともあるでしょう。そのときは、「ご質問ありがとうございます。あらためて回答しますので、少々お時間をください」と書いておくとよいでしょう。

保護者の声を聞き取って……

明日はワクチン接種のため早退します。15時には迎えに行きますのでよろしくお願いします

知りたい情報を提供するための準備を！

15時のお迎えの件、承知しました。翌日は園でも様子をしっかり見ていきますね

昨日の運動会のリレー競争はとても感動しました！　来年もリレー競争をしてほしいです！

ご意見いただきありがとうございます。運動会の種目を考えるさいに検討させていただきますね

ルール16 書いたら読み返す時間も必要

連絡帳を書いたら必ず見直す（推敲する）ようにしましょう。誤字や脱字、敬語の誤用があると、保育者に対する保護者からの信頼を失うきっかけになります。連絡帳は保育の合間の限られた時間の中で書くことが多いからこそ、言葉の誤用が生じやすくなります。書き終えたら見直すくせをつけましょう。

読み返しで注意すべきポイント

- ☑ 誤字や脱字がないか
- ☑ 敬語や送り仮名は適切か
- ☑ 読点や改行は適切になされているか
- ☑ 肯定的な表現で書かれているか
- ☑ 保護者にしてほしいことは明確か
- ☑ 1文は短くして、主語と述語の対応ができているか

連絡帳

書き方の基本

保護者にとって連絡帳とは

保護者にとって連絡帳は「子育てを後押ししてくれる」存在です。園での子どもの様子を知ったり、保育者のコメントを読んだりすることで、子育ての不安が緩和され、子育ての喜びを感じたり子育てに自信をもてたりするようになります。

保護者は連絡帳を通して、園で子どもが毎日どのように過ごしているのか知ることができます。また、保育者も保護者とのやりとりを通して、自宅での子どもの様子や保護者の気持ちを知ることができます。連絡帳が、保護者と保育者の架け橋になります。

ですから、保護者から見た子どもの素敵な姿をたくさん伝え、保護者からの質問や相談などにも丁寧に答えていきましょう。そうすることで、連絡帳でのやりとりが保護者の子育てを強く後押しすることになるのです。

連絡帳で伝えたいこと

①園での生活について（食事・睡眠・排泄）
②子どもの健康状態（熱、発疹、目やに、鼻水、咳、下痢、便秘）
③園での子どもの姿（遊び・友達との様子・基本的生活習慣・成長を感じたこと）
④保護者への連絡事項・お願い
⑤保護者の記入の内容、相談、質問などへの返答

書き方のポイント

POINT 1 自由記述のスペースで伝えたいことをまとめるコツ

どの連絡帳にも必ずあるのが自由記述のスペースです。このスペースを上手に活用し、保護者に伝えたいことをきちんとまとめるには、文章を構成する力が必要です。

まずは、その日のテーマを決めましょう。子どもの様子、保護者の要望への返事、保護者へのお願いなど、伝えたいことを決めたら「書き出し」「メイン」「書き終わり」の3つの部分に分けて考えていきましょう。

連絡帳の構成ポイント

最近、絵本が大好きで、登園すると必ず絵本コーナーに行くまゆちゃん。今日も、登園するとすぐに絵本コーナーに行き、端から1冊ずつ絵本を取り出して眺めていました。その後、私のところにお気に入りの『エルマーのぼうけん』を持ってきてくれました。「せんせい、読んで」ということで、おひざの上で絵本を聞きました。

書き出し
活動の概要や保護者への返事を書く、連絡帳の始まりの部分です。

まゆちゃんは『エルマーのぼうけん』のほとんどのページの絵と言葉を覚えているようで、私がページをめくりながら読み進めると絵本の言葉を先取りして言ってくれました！　登場人物が全員笑顔になる最後のページでは、まゆちゃんも真似っこをして、とってもいい笑顔を見せてくれました。かわいい笑顔に思わずこちらも笑顔になりました。

メイン
その日の連絡帳のテーマとなる内容を書く中心の部分です。テーマは1つに絞り、具体的に書きましょう。

これからもたくさん素敵な絵本と出会ってほしいなと思っています。お家で好きな絵本などありましたらぜひ教えてください。

書き終わり
今後の対応、家庭への投げかけ、まとめを記入し締めくくります。

書き始める前に考えるべきこと

1	どんなテーマで書くか	書き始める前にその日の子どもの様子、保護者の要望への返事、保護者へのお願いなど、メインの部分に書くテーマを考えましょう。
2	何を書くか	テーマを決めたら、伝えたいことは何か、それを伝えるために具体的に何を書くのかを考え、箇条書きで挙げてみるとよいでしょう。
3	どういう順番にするか	書きたい内容を箇条書きで挙げたら、書く順番を考えます。書き出し、メイン、書き終わりの構成を意識しながら考えてみましょう。

POINT 2　保護者の質問にはきちんと答える

連絡帳には、子どもに関する情報共有だけでなく、そのやりとりを通して子育てを支援する役割もあります。保護者からの質問や要望に対してはきちんと答えましょう。

また、自宅での様子や休み中の出来事についても簡単なコメントを返すとよいでしょう。保育者が読んでくれていることがわかると、また保護者も書こうという気持ちになるのです。

保護者の気持ちに寄り添って回答しよう

保護者からの質問

お迎えのとき、同じクラスの子が「ママきた」と話していました。まゆは１歳になったのに言葉が出ないので成長が遅く感じてしまい心配です。

連絡帳できちんと回答

園では今にも言葉が出そうな場面が多々見られます。まゆちゃんも伝えようと頑張っていますから、もう少しだけまゆちゃんに時間をあげてくださいね。

POINT 3　肯定的な表現を心掛ける

「苦手なにんじんが出たので昼食がなかなか進みませんでした」のように、保育者のこうしてほしい、この姿は好ましくないという考えが否定的な文章になってしまうことがあります。園での姿をそのまま伝えているつもりでも、保護者としては自分の子どもを否定されたという気持ちになることもあります。「苦手なにんじんでも一口食べてみようと頑張っていました」など肯定的に書くようにしましょう。

POINT 4　子どもの気になる姿を伝えるさいは口頭で

話をきちんと聞けない、友達に手が出てしまうなど、気になる子どもの姿を保護者に伝える必要がある場合は基本的に口頭で伝えましょう。

何らかの事情で連絡帳に書く場合には、具体的なエピソードとともに、園ではどのように対応しているのかを合わせて書くと保護者も安心します。

園の対応を書き添えた回答例

登園時に伺っていたように、体調があまりよくなかったようです。そこで、外遊びはやめて、室内でブロック遊びや粘土遊びをして過ごせるようにしました。友達と楽しそうに遊んでいました。

POINT 5 文字はきれいに・言葉を正しく

誤字脱字が多く、文字が読みづらいと内容が頭に入ってきません。手書きで記入するときは、わからない漢字は辞書で調べ、正しく書きましょう。

最近は連絡帳アプリを使う園も増えています。手書きに比べ、短時間で簡単に入力できますが、字の丁寧さなどの印象がないぶん、誤字脱字が目立ちます。正しい言葉遣いを意識して書き、確認してから送信するように心がけましょう。

POINT 6 具体的なエピソードを盛り込む

子どもの様子を伝えるときは「その子」のエピソードを入れましょう。保護者は自分の子どもの様子を知りたいのです。「今日は園庭の砂場で遊びました。楽しそうでした」など、誰にでも当てはまる書き方は好ましくありません。保護者がわが子の姿を鮮明にイメージできるように、子ども一人ひとりの姿をしっかり観察し、その子らしい言動や遊び、育ちや成長がわかるような出来事を伝えるとよいでしょう。

その場にいない保護者が鮮明にイメージできる内容に！

砂場で穴堀りを始めたゆうたくん。そこに他の友達も加わり深く掘っていきます。途中、穴に入り「今、これくらい。頭までいくかな」と深さや大きさを確かめながら一生懸命掘っていました。

穴堀り楽しそうだな！　友達と協力して遊べるようになってきて嬉しいなぁ

最近どろんこの服が多いのは、こういう遊びをしているからなんだ！

POINT 7 他の子どもと比べない

子どもの様子を書くさい、他の子と比べるような書き方をしないようにしましょう。たとえば、「まゆちゃんは他の子よりも時間がかかりましたが、なんとか完成しました」というように、できた・できないで子どもの育ちを見るような書き方はいけません。

発達のプロセスは個人差があり、一人ひとり性格や興味、関心も異なります。その子自身の育ちや、頑張っていること、興味のあること、友達との関わりなどを、その子のよさが伝わるように書きましょう。

保護者との信頼関係を築くには

連絡帳は、保護者との信頼関係を築くための道具の１つです。道具なので使い方を間違えると信頼関係を壊すきっかけにもなってしまいます。保護者が連絡帳を通して「子どものことをよく見てくれている」「保護者のことも気にかけてくれている」「ここの園に預けてよかった」と感じることができたら、連絡帳の役割を立派に果たしているといえるでしょう。次の５つのポイントを意識して信頼関係を築いていきましょう。

信頼関係を築くためのポイント

POINT 1

保護者一人ひとりと向き合う

保護者一人ひとりと丁寧に向き合いましょう。子ども一人ひとりに個性があるように、保護者もまた個別の存在です。保護者それぞれの気持ちや考えとしっかり向き合うようにしましょう。

POINT 2

思いを受け止める

対面では言えないことも連絡帳だと書ける場合もあります。批判的な言葉やネガティブな内容でも、まずは保護者が思っていることをありのままに受け止め、そのうえでどのように返事をするのか考えましょう。

POINT 3

一緒に子育てをする姿勢を伝える

子どもはさまざまな経験をしながら成長していきます。うまくいかないこともあります。それらを保護者とともに喜んだり心配したりしながら、一緒に子育てをするという気持ちを連絡帳でも伝えましょう。

POINT 4

応答を大切に

連絡帳は、保育者と保護者の「やりとり」であることを意識しましょう。保護者が自宅での子どもの様子を書いた場合、忙しいなかで書いてくれたことに感謝し、必ず応答（返事）するようにしましょう。

POINT 5

育ちの記録となるように

友達や保育者がいる保育の場では、家庭とはまた違う子どもの姿があります。連絡帳を通じて保護者が子どもの成長を実感できるように、保育者が見た子どもの素敵な姿をたくさん伝えましょう。

連絡帳で伝えること、口頭で伝えること

文章はその解釈が読み手に委ねられるため、思わぬ誤解やトラブルを招くこともあります。また、連絡帳は書ける文字数も限られています。ネガティブな内容や丁寧に伝えたほうがよいことは、保護者の顔を見て直接伝えるようにしましょう。

連絡帳と対面、どちらで伝えるべきか判断しよう

連絡帳で伝えること

- 連絡帳の様式にある食事・睡眠・排泄の様子
- その日の子どもの健康状態
- 園でのその日の子どもの遊び
- 園での友達との関わり
- 成長を感じたエピソード
- 連絡事項やお願い
- 保護者からの相談や質問への返答

対面で伝えるべきこと

子どもの気になる様子

自宅での様子も対面で聞きとるとよいでしょう。

保護者の勘違いや思い込み

送迎時に聞きとりの時間をとるか、面談の時間をとりましょう。

事故や怪我

丁寧な説明と謝罪が必要なため、お迎え時に対面で話しましょう。

的確に伝えるには？

まずは謝罪をし、それから事故や怪我の状況と原因、その場での対処方法、現在の子どもの様子、今後の対応を説明しましょう。

事故や怪我の翌日は、対面または連絡帳で状況報告をしましょう

対面で話したあとは連絡帳で経過や様子を伝える

このたびは大変申し訳ございませんでした。登り棒から下りるときに右足を痛めたようなので、すぐに湿布で冷やしました。今は痛みも落ち着いているようですが、ご自宅でも様子を見ていただけますでしょうか

そうだったんですね。わかりました。自宅でも様子を見ますね

大事にならなくてよかった！

翌日の連絡帳の書き方例

昨日ご報告した右足の痛みの件ですが、本日は特に気にした様子もなく元気に遊んでいました。登園後も登り棒で友達と遊んでいましたので、もう大丈夫だと思います。ご心配をおかけして申し訳ありませんでした。

こうして事後報告もしてくれると、ホッとするわ

連絡帳

実例から書き方を学ぼう

実例① 朝の様子を伝える

朝のお母さんとのお別れはぐずぐずで、最近はお母さん恋しい病ですね。なかなか泣き止まないので私が抱っこをしながら、園庭で遊んでいるお友達の様子を見ていました。しばらくそのまま泣いていましたが、同じクラスのお友達が手を振ってくれる姿を見て、自分から私と離れ園庭に遊びに行くことができました。

園庭では、手を振ってくれたお友達のところに行き、並んで三輪車をこいでいました。その後も、ダンゴムシを見つけて嬉しそうに見せてくれたり、丸まる様子や動きについてなどのお話をしてくれました。今後もゆうたくんが安心する環境を作っていきたいと思います。

ここが残念

泣くことを否定的に捉えた表現

ぐずぐず、恋しい病、なかなか泣き止まない、という表現から保育者が泣くことを否定的に捉えていることがわかります。保護者と離れてさびしくて泣いてしまうことは当然です。否定的な表現は避けましょう。

ここが花丸

泣いたあとの姿を伝える

保護者と別れるさいに子どもが泣いていると、保護者は１日楽しく過ごせたのか心配になるものです。楽しく友達と遊べた、笑顔で元気に過ごせたことがわかるエピソードを入れると保護者も安心できます。

実例② 子どもの成長を伝える

最近、絵本が大好きで、登園すると必ず絵本コーナーに行くまゆちゃん。今日も、登園するとすぐに絵本コーナーに行き、端から１冊ずつ絵本を取り出して眺めていました。その後、私のところにお気に入りの『エルマーのぼうけん』を持ってきてくれました。「せんせい、読んで」ということで、おひざの上で絵本を聞きました。

ぞう組の中でも言葉が出るのがゆっくりのまゆちゃんでしたが、『エルマーのぼうけん』のほとんどのページの絵と言葉を覚えているようで、私がページをめくりながら読み進めると絵本の言葉を先取りして言ってくれました！　登場人物たちが笑顔になる最後のページでは、まゆちゃんも真似っこをして、とってもいい笑顔を見せてくれました。かわいい笑顔に思わずこちらも笑顔になりました。

これからもたくさん素敵な絵本と出会ってほしいなと思っています。おうちで好きな絵本などありましたらぜひ教えてください。

ここが残念

他の子と比べる表現はNG

「ぞう組のなかでも言葉が出るのがゆっくり」という表現から、ぞう組の他の子と比較してまゆちゃんを見ていることを感じます。発達には個人差がありますので、その子ならではの育ちを伝えましょう。

ここが花丸

「10の姿」を意識したエピソード

毎日子どもと過ごす保育者は、保護者に伝えたいエピソードがたくさんあります。絞れないときは「10の姿」を意識して書くとよいでしょう。このエピソードからは「言葉」の発達がよくわかりますね。

実例③ 遊びの様子

　ぞう組では４月からコマまわしに取り組んでいます。ゆうたくんも４月早々に糸を巻くことに挑戦しましたが、なかなかうまくいかず、友達の隣でじっと様子を見る日々が続いていました。

　今朝、ゆうたくんにもう一度声をかけてみようかな……と思っていたところ、コマのコーナーに糸を巻く練習をしているゆうたくんの姿が……！(⌒▽⌒)　何度も何度も巻いてみますが、きつすぎたり緩すぎたりで途中で紐がほどけてしまいます。それでもくじけず練習を続けたゆうたくん。夕方の自由遊びのときも紐の太さを変えて、もう一度挑戦していました。ゆうたくんが一生懸命頑張っている姿を見て、他のお友達も「そこで、もうちょっとぐっと巻いてみて」「この紐のほうがいいよ」などとアドバイスをくれ、ゆうたくんもそれに耳を傾けていました。きっと近いうちにコマまわしの練習を始められるかなぁと今からとても楽しみです。おうちでも機会がありましたら、園での取り組みについて聞いてみてくださいね。

ここが残念

友達とのやりとりのような表現はNG！

SNSを日常的に使っていると、「！」や顔文字などを使いたくなりますが、不快に感じる保護者もいます。保育者が感動した場面を伝えたいときなど、最小限にとどめるとよいでしょう。

ここが花丸

子どもの様子がイメージできるエピソード

この連絡帳からは、ゆうたくんのコマへの挑戦の様子が鮮明に伝わってきます。うまくいかない葛藤や子ども同士の会話などが入り、その場にいない保護者も場面が思い浮かぶようなエピソードになっています。

実例④ 食事の様子

今日は少し遠くの○○公園に遊びに行きました。歩いた距離がいつもより長めだったため、園に帰ってくる頃には「おなかすいた～」と大合唱のぞう組さんでした。まゆちゃんも園に着くとすぐに手洗いや着替えを済ませ、準備万端です。たくさん歩いたあとのごはんはやっぱりおいしかったようで「おいしいねぇ」と言いながら完食しました。

じつは、今日はまゆちゃんの苦手なピーマンが焼きそばに入っていました。ピーマンを見て、食べるかどうか迷っていましたが、先日、食べ物の3つの働きについて栄養士さんがお話ししてくれたことを思い出し「これは緑の食べ物だね」と言いながら食べてくれました。感想は「やっぱり苦い～」ということでしたが、まゆちゃんの頑張りに私も嬉しくなり、ピーマンが元気のもとになってくれることを伝えました。

練習中のお箸も少しずつ上手になってきています。まだまだ握り箸になる様子も見られますので、ご家庭でも指導をお願いします。

ここが残念

保護者との連携を意識して

食事や排泄などの基本的な生活習慣は、教えたからといってすぐにできるようにはなりません。園と家庭が連携して繰り返し伝えていくことが大切です。一方的な指摘やお願いにならないような表現にしましょう。

ここが花丸

家庭でも参考になるエピソード

量を食べない、遊び食べをしてしまう、なかなか進まない、好き嫌いがあるなど食事は保護者を悩ますことの１つです。園での取り組みや子どもの様子を伝えることで家庭でも参考にすることができるでしょう。

実例⑤

子どものささやかなエピソード

今日は登園後の自由遊びから、ぞう組で盛んなごっこ遊びを楽しみました。メンバーは、いつもの仲よしグループの子たち。ブロックで剣やピストルなどを作り、戦いごっこ開始！というときに、他の子たちが「いれて」とやって来ました。「いいよ」と言ったものの、グループのお友達から「私お母さんするから、みんなはどうする？」と聞かれ戸惑った様子。お母さん、犬、こども、敵と役をきめ、家に敵がきて戦うという不思議なごっこ遊びに発展しました。ゆうたくんは犬役を選択。おうちで飼っている犬の様子を真似しながら、犬役になりきっていました。

その後、七夕飾りを作りました。どの子も素敵な七夕飾りができ、みんなで笹に飾るためにホールにいきました。ゆうたくんは、青の折り紙を選び丁寧に切っていましたよ。昼食も残さず食べ、お昼寝のあとは、鬼ごっこをして遊びました。今日も１日、お友達とたくさん遊んでとても元気に過ごせました。

ここが残念

１日の流れをだらだら書く

この連絡帳では、登園後から主活動、午睡、おやつ後と１日の様子をすべて書いています。だらだらと書くと伝えたいことが伝わりません。その日のもっとも伝えたい姿や育ちを感じるエピソードに絞りましょう。

ここが花丸

この時期ならではの育ちの姿

４歳児の連絡帳です。ごっこ遊びの話は、人間関係が大きく発達し、友達と協調して遊ぶことができるようになったことがよくわかるエピソードです。保護者も子どもの成長を感じることができます。

実例⑥ 屋外活動での様子

今日は、○○公園へ秋の自然を探しに、散歩バッグを肩からさげ、張り切って出発し、公園では、グループごとに保育者が作ったビンゴカードをもちながら、秋の自然探しをしました。

ゆうたくんのグループは、すぐにどんぐりを見つけ、バッグにたくさん拾いました。赤や黄、黄緑、緑などさまざまな色の葉っぱもたくさん落ちていました。お友達のひとりが葉っぱのなかに線のようなものがあることに気がつき「これ、前に○○先生が読んでくれた……じかきむしじゃない？」と言うとゆうたくんも「そうだよそう！　これ、卵だっけ？」と絵本を読んでもらったことを思い出した様子。「うんちだよ」「字をかいてんじゃない？」としばらくじかきむしについての話し合いになりました。保育者が葉っぱを写真にとり、園に戻ってからみんなで『じかきむしのぶん』という絵本を読みました。じかきむしが葉っぱを食べながら進むと、そのあとが文字のようについていることがわかりました。

ここが残念

1文が長すぎる！

出だしの文章の「今日は」から「しました」の１文が長すぎます。１文が長いと情報量が多く、何を伝えたいのかわからなくなってしまいます。この文でもっとも伝えたい情報は何か整理するとよいでしょう。

ここが花丸

子どもの発見がよくわかる

子どもたちが「じかきむし」の葉っぱを発見し、興味をもっている様子がよくわかります。行った場所や活動だけでなく、そこで子どもがどんな発見をしたのかわかると保護者も嬉しい気持ちになります。

実例⑦ クラス活動の様子

今日は、小麦粉粘土を使った活動をしました。小麦粉は小麦などからできていていろいろな料理に使う粉であることを伝え、さらさらの小麦粉に油と水を入れてこねていきました。少しずつ固まっていく様子を不思議そうな顔で見ていた子どもたち。実際にみんなでやってみると、大胆にぐるぐると混ぜていく子、恐る恐るそっと触ってみる子などそれぞれの姿が見られました。「ぐにょぐにょ～」「どろどろ」「べたべた」など小麦粉粘土のさまざまな感触を言葉にして伝えてくれる姿もありました。

粘土のように固くなってきたら、食紅を入れ、色をつけます。「何色がいいかな？」とまゆちゃんに聞くと「黄色！」との返答。白い粘土が黄色になっていく様子を楽しんでいました。ざらざら、べとべとというような感覚は触ってみないとわからないものです。小麦粉粘土のように手で直接、さまざまな感触を感じる遊びを今後も少しずつやっていきたいと思います。

ここが残念

クラス全体の様子が８割

クラス全体の姿を書くおたよりやクラスボードとは異なり、連絡帳は「その子」の育ちの記録にもなります。保護者は自分の子どもの様子を知りたいので「その日のその子」のエピソードを中心にしましょう。

ここが花丸

なぜその遊びが大切なのかを書く

この連絡帳では、子どもの様子だけでなく、この時期の感触遊びの大切さと理由を書いています。年齢や発達と遊びの関係を伝えることにより、子どもの遊びや活動への保護者の理解も深まるでしょう。

実例⑧ 行事の様子

今日は楽しみにしていたクリスマス会でした。お部屋やホールにもちょっとずつ子どもたちが作ってきたクリスマスの飾りが飾られています。特に子どもたちのお気に入りは、みんなで飾り付けをしたホールの大きなツリーです。

登園後、クリスマス会が行われるホールに行きたくてたまらない様子のゆうたくん。お友達と「おひげあるかな」「赤い服かな」「早くツリー見に行きたいね」などとサンタさんやツリーのお話をしながらホールに向かいました。

クリスマス会が始まると先生たちのハンドベルやクリスマスの劇があり、真剣に見ていました。最後にサンタさんの登場。サンタさんからプレゼントをもらい、みんなで写真を撮りました。ゆうたくんは、サンタさんのお隣で少し緊張したような表情でした。去年までサンタさんの登場にパニクって泣いていた子がいたことを考えると、１年の成長はものすごいなぁと感じました。ご家庭からのプレゼントもご協力いただきありがとうございました。

ここが残念

普段の話し言葉が出ている

普段使っている話し言葉を使わないようにしましょう。この連絡帳では「パニクって」「ものすごいなぁ」といった、友達とのやりとりのような表現があります。正しい言葉遣いを意識しましょう。

ここが花丸

保護者の協力に感謝を伝える

保護者が協力するのは子どものためだから当たり前と捉えるのではなく、保護者の協力に対して感謝の気持ちをしっかり伝えましょう。送迎時にも再度口頭で伝えるとよいでしょう。

連絡帳

そのまま使える文例集

書き出しの文例

食事の様子を伝える

食べるのが大好きなまゆちゃん。自分でスプーンをもち、上手に口に運ぶことができるようになってきました。

POINT 書き出しで、できるようになったことを書くと印象に残ります。

家庭からの報告を受けて

初めての一歩、感動しますね！　嬉しいお知らせをありがとうございました。園でも見られるのを楽しみにしています。

POINT 保護者の喜びや感動に共感し、お礼を伝えましょう。

保護者へのおわび

お電話でもお伝えしましたが、私どもの注意不足でゆうたくんに痛い思いをさせてしまい大変申し訳ありませんでした。

POINT 原則は対面で！　会えないときだけ電話や連絡帳を活用します。

保護者へのお礼

お忙しいなか保育参加にお越しくださりありがとうございました。まゆちゃんもお母さんがいてとても嬉しそうでした。

POINT 対面で伝えられない場合は連絡帳でお礼を伝えましょう。

保護者へのお願い

肌寒くなってきましたが、気温が上がると汗をかくときもあります。着替えは引き続き半袖のご用意もお願いします。

POINT 保護者にお願いしたいことと理由を具体的に伝えましょう。

保護者の相談に対して

おうちでのまゆちゃんの様子をお聞きし、ご両親が心配されるお気持ち、よくわかりました。

POINT まず保護者が心配する気持ちを受け止め共感しましょう。

締めくくりの文例

遊びの様子を伝える

まゆちゃんの優しい言葉に、その場が明るくなりました。友達の気持ちを考えることができるようになった姿に成長を感じました。おうちでもほめてあげてくださいね。

POINT 遊びの中に見られる子どもの成長を伝えるとよいでしょう。

家庭からの報告を受けて

おうちでの様子をお知らせいただきありがとうございました。お誕生日をご家族にお祝いしてもらってまゆちゃんもとても嬉しかったと思います。これからの成長がますます楽しみですね。

POINT 家庭の様子を知らせてくれたことに感謝を示しましょう。

保護者へのおわび

私どもの不注意で怪我が発生して大変申し訳ありませんでした。このようなことがないよう園全体で対策を話し合ってまいりますので、少しお時間をいただければと思います。

POINT 返答に時間がかかるときは、その旨をきちんと伝えましょう。

保護者へのお願い

先週 HP の園だよりを更新し、「給食費についてのお願い」を掲載しております。お忙しいなか大変恐縮ですが、ご一読いただき今週末までに担任にお渡しください。よろしくお願いします。

POINT 保護者にしてほしいことを明確に伝えましょう。

保護者への提案

ご心配されていたトイレトレーニングについてですが、園では少しずつおまるに座ることに慣れているところです。来月の保育参加で園での様子を見ていただくのはいかがでしょうか。

POINT 提案の背景を一緒に書くと、保護者も理解しやすくなります。

保護者の相談に対して

ご相談がありました件については、園長とも相談して対応方法を検討しています。来週中にはご回答できると思いますので、もう少しお時間をいただけますと幸いです。

POINT いつ回答するのかというめどを伝えると保護者も安心します。

お礼の文例

保護者からの意見や提案を受けて

貴重なご意見をありがとうございます。ご意見については園全体で話し合ってまいります。少しお時間をいただければと思います。結論が出ましたらお話をさせてください。

POINT 保護者の意見を受け止め対応していることを伝えましょう。

協力に対する感謝を伝える

ご協力いただいたおかげで5月はどろんこ遊びをたくさんすることができました。保護者様には、洗濯などお手数をおかけしております。引き続き、ご協力のほどよろしくお願いいたします。

POINT 保護者の協力のおかげであることをしっかり伝えましょう。

保護者から嬉しい報告を受けて

本日の連絡帳に「先生のおかげでまゆも元気になりました」とあり、私もホッと安心しました。お言葉をありがとうございました。これからもまゆちゃんの成長を支えていきます。

POINT 保護者からほめられたさいはお礼を伝えます。

季節限定の活動後に

今日はプール最終日でした。最終日ということで水を思いっきりかけ合い、遊びました。毎日、水着やタオルの用意とお洗濯などのご協力をありがとうございました。

POINT 季節限定の活動は終了の報告と協力へのお礼を伝えましょう。

行事が延期になったとき

今日はあいにくの雨で遠足は延期になりましたが、持参したお弁当を園で食べました。ゆうたくんもおいしそうに食べていました。お弁当のご用意、ありがとうございました。

POINT 行事延期の場合も、準備や協力へのお礼を伝えましょう。

いただきものへのお礼

昨日は素敵なあじさいの花を頂戴しありがとうございました。ピンク色のあじさいで保育室が明るくなりました。子どもたちも「きれいだね」と楽しそうに観察していました。

POINT いただきものへのお礼は子どもの姿も含めて伝えましょう。

おわびの文例

子どもが怪我をした①

園内でゆうたくんが怪我をしてしまったこと、心よりお詫び申し上げます。園全体で本件を共有して、今後はこのようなことが起こらないよう細心の注意を払ってまいります。

POINT 謝罪と今後の対応について書きましょう。

子どもが怪我をした②

保育者が目を離したさいに転倒したようです。消毒し絆創膏を貼っています。今後は、保育者の立ち位置について再検討して再発防止に努めます。このたびは大変申し訳ございませんでした。

POINT 怪我の原因と今後の対策をセットにするとよいでしょう。

保護者の要望に応えられない①

ご両親が心配されるお気持ちよくわかります。〇〇については、〇〇などトラブルに発展することも考えられますので、ご遠慮くださるようお願い申し上げます。ご意向に沿えず大変申し訳ございません。

POINT 要望に応えられない理由について説明しましょう。

保護者の要望に応えられない②

慣らし保育が終わって環境が変わったばかりのため、園ではもう少し生活に慣れてきたらパンツで過ごす時間を作っていきたいと思いますが、いかがでしょうか。

POINT 「いかがでしょうか」と代案を出すのもよいでしょう。

行事の時間を間違って伝えた

先日のおたよりに運動会の集合時間を9時と記載しましたが、9時30分集合の間違いでした。申し訳ございませんでした。当日、元気な子どもたちと会えるのを楽しみにしております。

POINT 下線を引くなどして訂正した箇所がわかるようにしましょう。

ミスしてしまったとき

職員間の伝達ミスで不快な思いをさせてしまい、申し訳ありませんでした。今後このようなことがないように職員間での確認、共有をしっかり行っていきたいと思います。

POINT 謝罪だけでなく今後の対策をしっかり伝えましょう。

保護者へのお願い文例

家庭での様子を尋ねる①

最近、食事中に椅子に座ることを嫌がる姿があります。今日も椅子に座っていたのですが、途中で泣き出したため、抱っこすると安心したようでした。ご自宅での食事はいかがでしょうか。

POINT 特に乳児は睡眠や食事など生活面で家庭との連携が必要です。

家庭での様子を尋ねる②

昼食ではナスも食べていました。小さくして、味噌で味付けがしてありました。ご自宅ではどのように提供されていますでしょうか。ご参考になれば幸いです。

POINT 園での様子を伝えつつ質問するとよいでしょう。

家庭での様子を尋ねる③

園では電車の絵本がお気に入りで、よく読んでいます。ご自宅ではどうでしょうか。お気に入りの絵本があれば教えてくださいね。

POINT 園の生活に反映できそうな情報を聞くのもよいでしょう。

家庭でも取り組んでほしい場合①

運動会に向けて縄跳びの練習を園でも始めていきます。まゆちゃんは縄跳びが好きなようで、上達が早いです。ご自宅でもお時間があるときに縄跳びの機会を作ってあげてくださいね。

POINT 園での様子とつながるような書き方をしましょう。

家庭でも取り組んでほしい場合②

新型コロナウイルス感染症が猛威をふるっています。他の感染症も流行する時期になります。引き続きになりますが、毎朝の検温と体調の健康調査票へのご記入をお願いいたします。

POINT 引き続きお願いしたいときはこのフレーズを使いましょう。

取り組みの結果を尋ねる

先日ご自宅でパンツを履いてみたというお話を伺いましたが、その後はいかがでしょうか。園でも挑戦していきたいと思いますので、お時間があるときにご自宅での様子をお聞かせくださいね。

POINT 保護者に対してプレッシャーにならない聞き方をしましょう。

その他の使いやすいフレーズ①

子どもたちが頑張ってきた発表会までいよいよ2週間をきりました。集合の時間や場所、服装など発表会の詳細をおたよりに掲載しました。連絡帳にはさんでありますので、ご一読ください。

POINT おたよりや掲示を保護者に読んでほしいときに使いましょう。

その他の使いやすいフレーズ②

ラップの芯がたくさんあるということでありがたいです。10月末までに40本集めることが目標です。まだまだ必要なため、ご自宅にありましたらおもちいただけると助かります。

POINT 保護者への依頼は「～していただけると助かります」を使いましょう。

その他の使いやすいフレーズ③

お楽しみ会で使う縄跳びをもらい練習を始めました。自分の縄跳びに愛着がもてるよう、好きな布（20センチ×20センチ）を縫いつけます。10月7日（金）までにご用意をお願いします。

POINT 保護者が購入するものは大きさや期日を具体的に伝えます。

その他の使いやすいフレーズ④

来週から火曜日はお父様がお迎えに来られるとのこと、承知いたしました。遅番の保育者と共有しますので、お迎えに来られるお父様のお名前を教えていただけますか。

POINT 迎えに来る人の変更にはこのフレーズを使いましょう。

その他の使いやすいフレーズ⑤

おたよりにも記載したとおり、10月7日（金）はお泊り保育のため延長保育は実施いたしません。勝手なお願いで申し訳ありませんが、保護者の方は16：30までのお迎えをお願いします。

POINT 園の都合で保護者に調整をお願いしたい場合に使いましょう。

その他の使いやすいフレーズ⑥

今日は○○公民館で開催されている絵本の原画展に行ってきました。絵本の作り方や読み聞かせもしてもらいました。何度でも楽しめると思うので、ご家族でもぜひ行ってみてください。

POINT ぜひおすすめしたいときに使うとよいでしょう。

持ち物のお願い 文例

おむつの予備

まゆちゃん、食欲が増してきましたね。おむつを交換する回数も増えています。おむつの予備を10枚ほどご用意いただけますでしょうか。

POINT 予備のお願いなどは目安の数を書くと迷わず用意できます。

タオルの用意

暑くなり汗をかくことや、水を使った遊びをすることも多くなりました。バスタオル（1枚）のご用意をお願いします。お手数をおかけしますが、ご協力お願いいたします。

POINT お願いする背景（事情）も簡潔に書くとよいでしょう。

服装に関するお願い

着替えのさい、きつめのサイズだと自分で脱ぎ着するのが難しく、苦戦している様子が見られます。サイズをご確認いただき、少し大きめの服のご用意をお願いいたします。

POINT 子どもの姿からのお願いだと保護者も納得しやすいです。

毛布の用意

まだまだ暑い日もありますが、雨や曇りの日は肌寒く感じることも多くなってきました。お昼寝時に気温により調整できるように、毛布の準備を来週までにお願いします。

POINT 必要になった理由といつまでにお願いしたいのかを伝えましょう。

靴に関するお願い

靴についてのお願いです。今後、長距離の散歩にも出かける予定です。園では動きやすく脱ぎ履きしやすいスニーカーをおすすめしています。ご用意をお願いできますでしょうか。

POINT はじめに何のお願いなのか書くとわかりやすいです。

イベントに向けて

来月はクリスマス会があります。そこで子どもたちに配るプレゼントのご協力をお願いします。作り方の詳細は別紙で配布します。10月7日（金）までに袋に入れて担任にお渡しください。

POINT 詳しい内容が必要な場合には別紙とするとよいでしょう。

病み上がりの報告文例

風邪

熱が下がってよかったです。園では元気に過ごしていましたが、昼食後早めのお昼寝となりました。少し本調子ではないかもしれないので、午後はゆっくり過ごしました。

POINT 病後であることを踏まえた対応について伝えましょう。

水疱瘡

登園の許可が出てよかったですね。今朝お話いただいた水疱瘡のあとのかゆみについてですが、園ではかゆがる様子は見られませんでした。引き続き様子を見ていこうと思います。

POINT 保護者が気にしていることには回答しましょう。

手足口病

口中の痛みが少し残っているようで、「お口いたい」と言って半分ほど昼食を残しましたが、久しぶりの登園で友達と元気に過ごしていました。引き続き様子を見ていきたいと思います。

POINT 子どもの様子を具体的に書くと保護者もイメージがわきます。

突発性発疹

高熱が続いたということで、大変なときに園へのご連絡をありがとうございました。お母さん、お父さんも心配でしたね。私たちもゆうたくんの元気なお顔を見ることができ安心しました。

POINT このように、保護者へのねぎらいを書くのもよいでしょう。

新型コロナウイルス感染症

ご家族のみなさん、熱が下がって元気になられたということで安心しました。ゆうたくんも久しぶりの園生活でしたが、友達と好きな遊びをして元気に過ごすことができました。

POINT 長期の休み後は園での子どもの体調や様子を伝えましょう。

ノロウイルス

午前中は元気に遊んでいましたが、給食は進まずまだ本調子ではない様子でした。こまめな水分補給を心がけ、様子を見ていこうと思います。ご自宅での様子もまた教えてください。

POINT 自宅での様子を質問する締め方もよいでしょう。

遊びの様子を伝える文例

ひとり遊び①

手指が器用になり、つまんだりつかんだりが上手にできるようになってきました。ミルク缶で作ったぽっとん落としのおもちゃが大好きで、繰り返しつかんで落としてを楽しんでいます。

POINT 子どもの遊び方を具体的に伝えましょう。

ひとり遊び②

最近パズルに夢中のゆうたくん。今日も登園するとすぐにパズルを出してきて夢中で頑張っていました。自分のやりたい遊びを集中して行えるような環境を作っていきたいと思います。

POINT 遊びに夢中になっていることが伝わるエピソードを。

ひとり遊び③

床にビニールテープを貼り、その上を走る電車ごっこをしました。ゆうたくんはその後も電車ごっこに夢中で「ガタンゴトンシュッ」と言いながら牛乳パック電車を走らせていましたよ。

POINT 子どもの言葉を引用するのもコツです。

友だちとの遊び①

園庭には秋の実がたくさん落ちています。ゆうたくんは砂の台にどんぐりや赤い実を飾り付けケーキ作り。「ケーキください！」とお友達が来て、途中からお店やさんごっこになりました。

POINT ごっこ遊びは子どもの言葉も入れるとよいでしょう。

友だちとの遊び②

夏頃から海賊ごっこに夢中のゆうたくんたち。最近は木の伐採のさいに出た小枝を材料にして園庭で海賊の基地作りをしています。どんどんできあがっていく基地に私もわくわくしています。

POINT 長期的に続いている子どもの遊びも伝えましょう。

友だちとの遊び③

高く積むことに挑戦したり家を作ったりと、積み木遊びに夢中のぞう組さん。今日は、ゆうたくんの「町を作ろう」という提案でそれぞれの作った家をつなげ、大きな町ができました。

POINT 友達と協力する姿を伝えるのもよいでしょう。

保育者との遊び

まゆちゃん、ハイハイがとても上手になってきましたね。保育者が動くとすぐにハイハイで追いかけてきてくれます。あっという間に移動するそのスピードに保育者も驚いています。

POINT 子どもの育ちや成長を伝えましょう。

すべり台遊び

今日は雨天のため、お部屋にすべり台と階段を出して遊びました。のぼって滑っての繰り返しがとても楽しかったようで、何度も挑戦していました。

POINT 子どもが挑戦する姿も保護者は嬉しいものです。

ごっこ遊び

ごっこ遊びが盛んになってきたので、洗濯を干すことのできるロープを保育室につけてみました。まゆちゃんもお人形の洋服を洗濯ばさみでロープに干し、洗濯ごっこを楽しんでいました。

POINT 環境構成の工夫も保護者に伝えるとよいですね。

虫とり

最近せみの声が聞こえ始めました。用意した虫取り網を早速見つけたゆうたくん。一生懸命高い場所にいるせみをとろうと頑張っていました。しばらくせみとりの日々が続きそうです。

POINT 子どもの興味や関心がわかる書き方も大事です。

野菜の水やり

今年はぞう組できゅうりとトマトを育てることになり、先週苗を購入しました。ゆうたくんは、その苗に毎日水やりをしてくれました！　明日、みんなにそのことを伝えようと思います。

POINT 子どもが率先してやることは積極的に保護者に伝えましょう。

郵便屋さんごっこ

来週のゆうびんやさんごっこに向け、ぞう組に手作りポストが設置されました。まゆちゃんもひらがな表を見ながらお手紙を書く練習をしています。届くのを楽しみにしていてくださいね。

POINT 事前にお知らせしておくと保護者も楽しみになります。

クラス活動での様子を伝える文例

ゲームの様子①

今日は○○公園に行き、かくれんぼをしました。見つかりにくい木の茂みに気がつき、最後まで隠れることに成功したまゆちゃん。鬼になった子も探すのが大変そうでしたよ。

POINT 遊びの中に見られるその子なりの工夫を伝えましょう。

ゲームの様子②

新しいカードゲームをいくつか出しました。ゆうたくんたちは足し算の要素が入ったカードゲームを選びました。少し複雑なルールでしたが楽しそうに遊んでいました。

POINT 園での遊びを具体的に伝えるようにしましょう。

運動の様子①

今日は園庭で遊びました。保育者がボールを転がすと、とことこと追いかけボールをキック！　とても上手でした。運動会にむけて「ヨーイどん」のかけごえで走る練習も始めました。

POINT 遊びの中で身体を動かすことの大切さを伝えましょう。

運動の様子②

毎年、年長組が取り組んでいる竹馬を地域の方が用意してくれました。竹馬を手にし、緊張した面持ちのまゆちゃん。足をのせようとがんばっていました。これからの活動が楽しみです。

POINT これから始める遊びは保護者の期待も高まります。

クレヨン遊び

今日は初めて画用紙にクレヨンを使ってかいてみました。たくさんの色から緑を選んだゆうたくん。しっかりにぎりしめ画用紙にトントンと打ち付けながら点がつくのを楽しんでいました。

POINT 初めてする遊びの様子を伝えるのもよいです。

製作遊び

今日は発表会で使う鬼のお面を作りました。自分で選んだ色の折り紙をちぎり、紙皿にのりで貼っていきます。まゆちゃんは赤鬼を選びました。明日は顔のパーツを貼ろうと思います。

POINT 行事の準備に触れると親子の会話のきっかけになります。

その他の活動（わらべうた）

今日はわらべうた遊びをしました。うたに合わせてタオルのハンモックで揺らすときゃっきゃっと声を出して嬉しそうに揺られていました。終わると「もう１回」と何度も並んでいました。

POINT 遊び方を簡潔に書いてあるので保護者もイメージがわきます。

その他の活動（散歩）

今日はよい天気だったので散歩に出かけました。友達と嬉しそうに手をつないで、白線の内側をしっかり歩くことができました。公園ではトンボを見つけ、一生懸命追いかけていました。

POINT 園内だけではなく散歩の様子も積極的に取り上げましょう。

その他の活動（どろんこ遊び）

今日は園庭でどろんこ遊びをしました。水をバケツにくみ、地面の泥とまぜていくゆうたくん。まゆちゃんも一緒に水たまりにつかりながら「泥おんせ～ん」と気持ちよさそうでした。

POINT 自然や泥、水での遊びの楽しさもエピソードで伝えましょう。

その他の活動（発表会にむけて）

今日は発表会で行う劇「おおきなかぶ」の役決めをしました。いろいろな動物の中でどの役をやりたいか手を挙げてもらうことにしました。どの役になったかはゆうたくんに聞いてみてくださいね。

POINT あえて「書かない」ことで親子の会話を促せます。

その他の活動（避難訓練）

今日は避難訓練がありました。「火事です」の放送が入るとすぐに保育者の元に集まってくれたぞう組さん。園庭に出ると消防車も来ており、車内を見学することができました。

POINT 毎月ある避難訓練の内容の周知は緊急時にも役立ちます。

その他の活動（クリスマス会）

今日はクリスマス会でした。パネルシアターを集中して見ていました。サンタさんが登場すると少し緊張して後ずさりしていましたが、プレゼントをしっかり受け取ることができました。

POINT 行事は全体での活動と参加したその子の様子を書きましょう。

食事／睡眠の様子を伝える文例

食事の様子①

今日は、園で初めての納豆がゆを食べました。スプーンですくうとお口を大きくあけて待っていてくれたまゆちゃん。もぐもぐと上手に口を動かしながら嬉しそうに食べていましたよ。

POINT 離乳食を進めるさいは食事の様子をこまめに伝えましょう。

食事の様子②

自分から体を動かす遊びをよくするようになり、最近ではおかわりをすることが増えました。苦手な食べ物も減りました。完食やおかわりマークの日はご自宅でもほめてあげてください。

POINT 連絡帳の食事欄も気にかけてもらえるようなエピソードを。

食事の様子③

今日はお当番だったので、張り切ってお弁当をみんなに配ってくれました。「いただきます」の挨拶もばっちり！　いつもより早めに食べて、他のお友達の後かたづけも手伝ってくれました。

POINT お当番活動の様子は積極的に取り上げましょう。

睡眠の様子①

少しずつ午前寝なしでお昼寝の時間に長めに寝る日が増えてきました。暑さが落ち着いたら、様子を見ながらベビーカーで近くの公園にお散歩に出かける機会も作っていきたいと思います。

POINT 乳児は睡眠などの生活リズムの変化があれば伝えましょう。

睡眠の様子②

今日のお昼寝では、布団で眠ることに挑戦しました。隣のお友達と顔を見合わせながら嬉しそうにごろごろしていたゆうたくん。保育者が子守歌を歌うと目をつぶって眠ることができました。

POINT おんぶ、抱っこから少しずつ移行する姿を伝えましょう。

睡眠の様子③

今日は○○公園までお散歩でした。長い距離を歩いて疲れたようで、昼食時から目をこする様子が見られました。お布団に横になるとすぐに眠り、いつもより 30 分ほど長く寝ました。

POINT 普段と違う様子は背景（事情）とともに伝えましょう。

排泄（トイトレ）／着替えの様子を伝える文例

排泄（トイレトレーニング）①

お昼寝後におむつが濡れていなかったので、おまるに座ってみたところ成功しました！　「でたね〜」と声をかけるとまゆちゃんもにっこり。少しずつトイレにも誘ってみようと思います。

POINT 排泄の成功は積極的に保護者と共有しましょう。

排泄（トイレトレーニング）②

お友達がトレーニングパンツをはいているのをみて「パンツはきたい」と興味をもった様子でした。園でも少しずつ試してみようと思いますので、お時間があるときにご用意をお願いします。

POINT 子どもの成長を感じる書き方をするのがコツです。

排泄（トイレトレーニング）③

遊んでいる途中で「おしっこ〜」と教えてくれました。トイレに向かいましたが間に合わず……。失敗しながら感覚を覚えていくと思いますので、教えてくれて嬉しかったことを伝えました。

POINT 失敗も含め経験していくことの大切さも伝えましょう。

着替えの様子①

着替えのさい、パジャマのボタンかけに挑戦し、自分でボタンを２つかけることができました。難しいところは手伝いながら、自分でできたと感じられるようにサポートしていきたいと思います。

POINT 「２つ」という具体的な数字が保護者にグッときます。

着替えの様子②

担任の肩に手を添えながらズボンを履いていたゆうたくんですが、今日は立って自分でズボンを履けました！　嬉しかったようで、お友達に「みてみて〜できたよ」と教えていました。

POINT 子どもが喜んだことを保護者に伝えましょう。

着替えの様子③

朝の着替えもだいぶ上手にできるようになってきました。いつも丁寧に脱いだ洋服をたたみ、ロッカーにしまってくれるまゆちゃん。ご家庭でたたみ方を伝えてくださっているのですね。

POINT 着脱だけではなく、たたんでしまう様子も伝えましょう。

言葉の成長に関する文例

0～1歳児の場合①

いないいないばぁの遊びが大好きなまゆちゃん。保育者が「ばあ」と顔を出すと満面の笑みを見せてくれます。話しかけると、「あーあー」「うー」としっかり返してくれます。

POINT 園内でのコミュニケーションの様子を具体的に伝えましょう。

0～1歳児の場合②

給食のワゴンがくると「マンマ！　マンマ！」と言って椅子から身を乗り出すゆうたくん。食べるのが大好きです。おなかすいたよ～という気持ちを言葉だけでなく全身で表現してくれます。

POINT 食事など生活のエピソードと共に言葉の成長を伝えましょう。

2～3歳児の場合①

最近、お友達の様子を見て「まゆちゃんも！」と言う場面が多く見られます。友達のことをよく見て一緒にしたい、同じことをしたいという気持ちを伝えてくれることを嬉しく思います。

POINT 自我の育ちを表す言葉を肯定的に伝えましょう。

2～3歳児の場合②

お散歩の途中、大きなラブラドール・レトリバーに会いました。ゆうたくんは「ワンワンいた」「大きいね」と嬉しそうでした。使える言葉も増えてきて、ますますお話が上手になってきました。

POINT 子どもの実際の言葉を引用して書くのがポイントです。

2～3歳児の場合③

七夕飾りを作りました。水色の折り紙を選び、はさみで細長く切っていきます。両端をのりで貼り輪のできあがり。「1個、2個、3個」と輪の数を数えながら作っていたまゆちゃんでした。

POINT 数を表す言葉に着目して伝えるのもよいでしょう。

4～5歳児の場合

何の遊びをするかの話し合いで、「やりたい人数が多いほうを今日、もう1つは明日にしようよ」と提案してくれたゆうたくん。自分の考えを表現できるようになったことに成長を感じます。

POINT 使う言葉、表現からわかる子どもの育ちを書くのがコツです。

かたづけの様子を伝える文例

率先しておかたづけ

おかたづけのピアノが聞こえるとクラスで一番に始めてくれるまゆちゃん。まゆちゃんの姿にぞう組のお友達も続いて、ピアノの音でかたづけを始めてくれるようになりました。

POINT 他の子へのよい影響がある姿は積極的に伝えましょう。

時計を見て行動

かたづけの曲が流れると時計を見て、「長い針が8だからもう少しで朝の会だね」と言いながらかたづけをしてくれました。時計の長い針を見て行動している姿に成長を感じました。

POINT その子なりの判断や理解の姿を伝えるのがコツです。

比喩表現で成長を伝える

そろそろおやつの時間にしようと保育者間で話していると、それを聞いていたゆうたくんがぞう組のみんなに「おかたづけの時間ですよ」と伝えてくれました。小さな先生のようでした。

POINT 比喩を上手に使うと保護者もグッときます。

子どもの気持ち

くまのぬいぐるみをおんぶし、お母さんになりきって遊んでいたまゆちゃん。おかたづけの時間になるとくまさんを布団に寝かせ「お昼寝してまっててね」と優しく声をかけていました。

POINT かたづけに見られる子どもの気持ちや思いを伝えましょう。

子どもの提案

ゆうたくんからブロックで作っているものを壊したくないという話があり、明日クラスで話し合いをしてみます。話し合いの中でかたづけのルールを考えていきたいと思います。

POINT 子どもの提案を書くのもよいでしょう。

環境構成の改善を伝える

絵本コーナーの模様替えにすぐに気づいたまゆちゃん。シリーズごとに色分けして棚と絵本の背表紙に同じ色をつけました。まゆちゃんも絵本と棚を見ながらかたづけをしてくれました。

POINT かたづけしやすい環境構成は保護者にも有益な情報です。

誕生日／誕生会に関する文例

誕生日の様子①

ゆうたくんの3歳のお誕生日ですね。朝の会でみんなに「3歳になりました」と発表してくれました。お友達から「おめでとう！」と声をかけてもらいとても嬉しそうでした。

POINT 誕生日当日の様子は積極的に伝えましょう。

誕生日の様子②

4歳のお誕生日おめでとうございます。おうちでケーキを食べてお祝いしたことを話してくれました。この1年でたくさんの言葉を覚えましたね。楽しいお話をこれからも楽しみにしています。

POINT これからの成長を期待する一言を添えましょう。

誕生日の様子③

5歳のお誕生日おめでとうございます。自分で考えたことを伝えてくれるようになり、日々成長を感じています。これからもまゆちゃんが楽しく過ごせるようサポートしていきます。

POINT 保育者から見た1年の成長や最近の成長を伝えましょう。

誕生会の様子①

今日は12月生まれのお友達の誕生会でした。少し緊張気味のまゆちゃんでしたが、堂々と入場しみんなの前でお誕生日のインタビューに答えてくれました。これからの成長が楽しみですね。

POINT 誕生会での様子や姿が伝わるように書きましょう。

誕生会の様子②

今日は誕生日会へご参加くださりありがとうございました。生まれたときのお話や名前に込めた想いをお聞きでき嬉しかったです。ゆうたくんもご両親と一緒に過ごせて嬉しそうでした。

POINT 保護者の参加へのお礼や保育者の想いを伝えましょう。

誕生会の様子③

誕生日会で緊張していましたが、名前を呼ばれると「はい！」と返事をして笑顔で入場できました。インタビューにも「3歳です！」とまゆちゃんらしく、はにかみながら答えていましたよ。

POINT 緊張しながらも頑張った様子を伝えるのもよいでしょう。

入園／卒園／転園に関する文例

入園①

ご入園おめでとうございます。担任の○○です。連絡帳ではまゆちゃんの園での様子についてお伝えしたいと思います。ご心配なことなどありましたらいつでもご相談ください。

POINT　いつでも相談に応じる姿勢を最初に示すことが大事です。

入園②

入園後の慣らし保育も終わり、お母さんも今日から通常時間でのお仕事ですね。環境の変化など思っている以上に大変なこともあるかと思います。ご無理なさらないでくださいね。

POINT　子どもだけでなく、保護者へのねぎらいの言葉も大切です。

卒園①

今日は「年長組を送る会」でした。参加しながら卒園まであと１か月をきったことを実感しました。担任としてぞう組で過ごせる時間を大切に一人ひとりの姿を見ていきたいと思います。

POINT　卒園式に向けた園内の様子を伝えるとよいでしょう。

卒園②

卒園製作について話し合いをし、紙粘土で一人ひとりの顔を作り、卒園式で飾ることに決まりました。明日から製作活動に入ります。できあがりを楽しみにしていてください。

POINT　卒園式に向けて気持ちが高まるようなエピソードを。

卒園③

卒園式の歌の練習中、「さみしいなぁ」とつぶやくまゆちゃん。楽しみでもありさびしくもある様子です。まゆちゃんの気持ちに寄り添って残りの時間を過ごしていきたいと思います。

POINT　卒園に向けた子どもの気持ちを書くようにしましょう。

転園

クラスみんなでまゆちゃんと一緒に園内をひとまわりしました。クラスの子も張り切って「ここはホールだよ！」と教えると、ニコニコとうなずきながら聞いてくれたまゆちゃんでした。

POINT　保護者の不安を軽減できるようなエピソードを書きましょう。

連絡帳

保護者からのよくある質問、どう答える？　Q＆A27

保護者の気持ちをくみ取り、寄り添うことが大切

連絡帳には保護者のさまざまな質問や相談が書かれます。「来年の運動会でもリレー競走をしてほしい」といった回答が難しい質問から、「おむつから卒業できなくて困っています」という相談までさまざまです。ときには、もう少し早めに連絡してくれないと仕事の調整ができないという怒りの声が届くこともあります。大事なことは、どのような内容であれ連絡帳に書かれたことから保護者の気持ちを想像し、その気持ちをくみ取り、寄り添うことです。保護者の気持ちを踏まえて返事を書くのです。ここでは、保護者の質問や相談に対してどのように返事をすればよいのか、実例をもとに学んでいきましょう。

Q1　家を出るときに毎日大泣きしています

保護者から

慣らし保育が終わり園に慣れてきたと思ったのですが、ここ何日か家を出るときに毎日「いきたくない」と大泣きしています。泣いている顔を見ると仕事に行ってよいのかなと考えてしまいます。

回答のポイント

どの保護者も子どもが泣いている姿を見るのはつらいものです。今後の見通しや保育者の考えをさまざまな場面で伝えていくことで保護者との信頼関係を作ることができます。

連絡帳での回答例

泣いている姿を見るとつらい気持ちになりますね。今日は、保育者が抱っこすると少しずつ泣きやみ、園庭を散歩しました。ご家族と離れての初めての生活なのでゆうたくんも不安だと思いますが、次第に慣れてくると思います。

私たちもしっかりサポートしますので、不安なことがあればまたお話ししてくださいね。

Q2 園での出来事を話してくれません

保護者から

「今日は何して遊んだの？」と聞くと「なんにも～」という答えばかりで園での出来事を話してくれません。何も話してくれないので、園で楽しく遊べているのか心配になってしまいます。

回答のポイント

園で遊んでいることや夢中になっていることを具体的な場面や遊び方を添えて伝えると、保護者もイメージがわき、安心します。

連絡帳での回答例

「なんにも～」だと心配になりますね。最近のゆうたくんは、砂場での型抜きに夢中です。カップやバケツに砂を入れ、ひっくり返して形ができるのを楽しんでいます。

「何作ってるの？」と聞くと「ないしょ」とのことでした。園では楽しく過ごしていますから、ご心配なさらないでくださいね。

Q3 毎日連絡帳を書くのが苦痛です

保護者から

連絡帳について相談です。朝の忙しい時間に毎日連絡帳を書くのが苦痛です。昔から文章を書くのが苦手で書くのに時間がかかってしまいます。どうしたものでしょうか。

回答のポイント

保育で必要な情報の記入は引き続きお願いし、それ以外については余裕のあるときに記入すればよいと伝えるなど、保護者の負担にならない方法を提案しましょう。

連絡帳での回答例

ご相談いただきありがとうございます。熱や体調面の欄は保育のさいに参考にします。お手数をおかけしますが、引き続きご記入をお願いします。

一方で、自由記述の欄はご無理なさらず、時間と気持ちに余裕のあるときに記入いただければ大丈夫です。送迎時に口頭でお話いただいても大丈夫です。

Q4 言葉が他の子より遅れていて心配です

保護者から

ゆうたは最近やっと車を見て「ぶーぶ」というようになってきましたが、昨日同じクラスの子が文章で話している姿をみて、言葉が他の子より遅れているように感じてしまい心配です。

回答のポイント

保護者は、クラスの子と自分の子の育ちを比較し不安になっています。クラス内の月齢差や発達の個人差が大きいため、子ども一人ひとりの姿が異なることを伝えましょう。

連絡帳での回答例

ご心配な気持ちはよくわかります。ぞう組には４月から３月生まれの子がおり、１年の幅があります。また、幼児期は発達の個人差も大きい印象です。そのため、ゆうたくんと他の子どもが違うように見えてしまうこともあると思います。

ですが、最近のゆうたくんには自分の気持ちを言葉で伝えたいという姿勢が見られます。もう少し待ってあげてくださいね。

Q5 食が細くて心配しています

保護者から

ゆうたは食が細くごはんも一粒一粒食べている感じです。食べること自体は嫌いではないようですが、こんなに食が細くて元気に成長できるのかなと心配しています。園での様子はどうでしょうか。

回答のポイント

保護者が心配している成長については、成長曲線の位置を具体的に示すことで安心につながります。食欲が出るように家で手軽にできる工夫があれば伝えるとよいでしょう。

連絡帳での回答例

ゆうたくんの成長が心配なお気持ち、よくわかりました。

先日、身長・体重をはかり成長曲線に記入しました。ゆうたくんは平均的な身長・体重でした。栄養も十分とれていると思います。園の食事でもバランスよく食べてくれています。特に、おにぎり給食を楽しみにしていて、おかわりをしていました。食欲がなさそうな日にぜひ試してみてください。

Q6 なかなかお友達ができません

保護者から

保育園に通ったら友達ができるかなと思っていたのですが、お迎えに行くといつもひとりで遊んでいて、なかなかお友達ができず心配です。まゆはおとなしいからでしょうか。

回答のポイント

保護者が見ているのは限られた時間の中での子どもの様子ですが、その一場面でも心配な気持ちになることがあります。日頃の園での様子を丁寧に伝えることが大切ですね。

連絡帳での回答例

ご相談くださりありがとうございます。最近のまゆちゃんはパズルに夢中です。夕方の自由遊びの時間になると、完成まで真剣な顔で頑張っています。園庭ではお友達とおいかけっこをして遊んでいる姿もありますのでご安心ください。

お父さん、お母さんに安心していただけるよう、友達との関わりについても連絡帳でお伝えいたしますね。

Q7 おねしょが治りません

保護者から

最近、夜中のおねしょが頻繁になってしまいました。大量の洗濯物も乾かずぐったりです。もう５歳なのにおねしょが治らないので不安です。園のお昼寝ではどうしていますか？

回答のポイント

おねしょは年齢とともになくなります。保護者の負担感や不安感が強い場合は、対面で自宅での様子を聞きましょう。保護者と一緒に対策を考えるようにします。

連絡帳での回答例

不安なお気持ち、よくわかります。園では昼寝前にトイレに行くようになり、おねしょがなくなりました。夜寝る時間は長いですし、急に寒くなってきたこともあるかもしれません。

ご自宅での様子を詳しく聞かせていただき、一緒に対策を考えていきたいと思います。お迎えのさいにお声がけください。

Q8 乱暴な言葉遣いが目立ちます

保護者から

最近、家で「くそー」「このやろう」などと乱暴な言葉づかいをすることが多々あります。私も妻も使っていない言葉遣いなので、どうしたのだろうと心配になっています。園ではどうでしょうか？

回答のポイント

園での子どもの様子とそのさいの保育者の対応を具体的に伝えましょう。また、他者に憧れ、なりきって遊んでいる姿は成長の証でもあるということも伝えるとよいでしょう。

連絡帳での回答例

心配されるお気持ちはよくわかります。園では、戦隊ヒーローになりきった遊びのさいにそのような言葉を使っていることがあります。遊びのあとで好ましくない言葉とその理由について話しています。

他者になりきって遊ぶ姿に成長を感じる場面でもありますが、言葉遣いについてはしっかり伝えていきたいと思います。またご家庭での様子を教えてください。

Q9 子どもにマスクを着けさせてほしい

保護者から

コロナ感染者数も増えてきており不安です。朝はマスクを着けていきますが、お迎え時にはしていないことが多いのでマスクを着けさせてほしいです。

回答のポイント

まず保護者の気持ちを受け止めましょう。そのうえで、なぜそうするのかという感染症対策に関する園の方針を丁寧に伝えることが大事です。

連絡帳での回答例

心配なお気持ち、よくわかります。感染者も増え、気が抜けない日々ですね。

マスク着用の件ですが、最近は暑い日も多く、熱中症予防のため外遊びのときだけでなく、室内遊びでもマスクをはずしています。夏以降のマスク着用については、今後検討して、あらためてご報告いたします。

Q10 スマホを取り上げると怒り出します

保護者から

夫は帰宅が遅いため、よくないと思いつつまゆにスマホを触らせながらひとりで家事を何とか進めています。最近、スマホを取り上げると怒り出します。ある程度の時間でやめさせる方法はありますか？

回答のポイント

まずは家事と育児を頑張っている保護者の気持ちに共感しましょう。そのうえで、園での子どもの姿からご家庭で実践できそうな方法を提案してみるとよいでしょう。

連絡帳での回答例

ひとりで家事をしながら育児もするのは本当に大変ですよね。園では、遊ぶ前にクラス全体で約束事を確認し、その約束をしっかり守って遊ぶようにしています。何時までスマホを見ていいという約束をしてから使うのもよいかもしれません。

また、まゆちゃんは最近塗り絵に夢中です。好きなキャラクターの塗り絵を用意するのもよいかもしれません。

Q11 食べ物の好き嫌いが激しく困っています

保護者から

離乳食のときはよく食べていたものも最近は「いや」と拒否し、好き嫌いが激しく困っています。特ににんじんやピーマンなどの野菜を嫌がるので、栄養が偏らないか心配です。

回答のポイント

保護者が心配している栄養の偏りについて、安心できるような園での子どもの姿を伝えるとよいでしょう。好き嫌いは成長の過程でもあることも伝えましょう。

連絡帳での回答例

作ったものを食べてもらえないと悲しくなりますよね。にんじんやピーマンはクセがあり嫌がる子どもも多い野菜です。ゆうたくんもいろいろな味の違いがわかってきたのかもしれませんね。

園でも嫌がる時がありますが、友達の様子を見たり「一口頑張ろう」と言うと食べますので栄養面も心配ないと思います。またご自宅での様子を聞かせてください。

Q12 箸の使い方をしっかり教えてほしい

保護者から

ゆうたももう少しで３歳になるので、家で箸を購入してみました。そろそろ箸の使い方を園でもしっかり教えてほしいと思っています。いつぐらいから使いはじめますか？

回答のポイント

園で現在取り組んでいることや今後の方針を伝え、子どもの様子とともに自宅で実践できそうな取り組みを提案しましょう。

連絡帳での回答例

お箸を購入されたのですね。今、きりん組ではお箸に移行する前の段階として、スプーンを鉛筆と同じもち方でもって食べることを練習しています。

ゆうたくんも鉛筆のもち方でもてるようになってきましたので、箸１本を指３本でもってみることを始めてみるのはいかがでしょうか。園では、ぞう組になりましたら少しずつ箸に移行していく予定です。

Q13 もっと文字の学習に力を入れてほしい

保護者から

就学前の健康診断に行き、他の園の子がいろいろな言葉をひらがなで書いているのを見て驚きました。まゆは自分の名前も書けないので、もっとひらがなの学習に力を入れてくれませんか？

回答のポイント

幼児期の生活や遊びの中で文字に親しんだ経験が小学校の学習へとつながっていきます。子どもが興味や関心をもてるような活動をしていることを伝えるとよいでしょう。

連絡帳での回答例

小学校からの学習は心配事ですよね。園でも現在、文字を書くことに興味をもつような活動をしています。まゆちゃんは、ひらがな表を見ながら、サンタさんにお願いするプレゼントのお手紙を書こうと頑張っています。

年末には保護者様に送る年賀状を書くことも予定していますので、お手紙を楽しみにしていてくださいね。

Q14 英語でやりとりしたい（外国人の保護者）

保護者から

にほんごだめ
えいごでかいて

回答のポイント

外国籍の保護者の場合、まずは語学力を把握し、状況に応じた対応をしましょう。今はさまざまな翻訳アプリがありますから、多少の翻訳ミスは気にせずに活用していきましょう。

連絡帳での回答例

Sure, I will write about your son's Ren, using English application.

承知しました。レンくんの様子をアプリを活用しながら英語でお伝えしますね。

Q15 すぐに暴力を振るいます

保護者から

最近兄とけんかばかりです。気に食わないことがあるとたたいたり蹴ったりとすぐに暴力を振るいます。テレビで戦隊ものの戦いばかり見ていたせいか心配です。

回答のポイント

発達的な特徴を踏まえつつ、子どもの気持ちと行動の関係を説明しましょう。子どもの性格や園での生活に問題はないことを伝えることで保護者も安心します。

連絡帳での回答例

ご心配されるお気持ち、よくわかります。3歳頃になると、やりたいという気持ちと実際にできることのギャップに葛藤するようになります。お兄ちゃんのようにやりたいけれどできないという葛藤が、攻撃的な行為になって表れているのかもしれません。

園では友達にそのようなことはしていませんので、少し様子を見るのはいかがでしょうか。

Q16 子どもに手をあげてしまうことがあります

保護者から

最近のまゆは、やるべきことをやらずに自分の主張ばかりしてきます。何度言っても聞かないので、いけないと思いながら手をあげてしまうことがあります。母親失格ですね。

回答のポイント

手を出してしまうと書くことも勇気がいる行動です。保護者の SOS であると受け止め、まずは対面で話を聞きましょう。

連絡帳での回答例

つらいお気持ち、お察しします。勇気を出して書いてくださったのだなと思いながら読ませていただきました。

まゆちゃんのお母さんとお父さんが安心して子育てができるよう、私たちも全力でサポートしたいと思っています。一度お会いして、話をしませんか。お迎えのときにお声がけください。

Q17 ○○くんが苦手なので関わらせたくない

保護者から

ゆうたが使おうとしていたおもちゃをけんたくんがとってしまい、嫌だったと話していました。乱暴そうで私も苦手です。けんたくんと関わらせないようにお願いできますか。

回答のポイント

まず保護者が心配する気持ちに寄り添います。そのうえで、気持ちのぶつかりあいも子どもの成長には必要なため、今後も丁寧に様子を見ていくことを伝えましょう。

連絡帳での回答例

ご心配をおかけして申し訳ありませんでした。けんたくんはいつもおもちゃを貸してくれるゆうたくんだからと思って、つい言葉をかけることを忘れていたようです。

これからも２人の関係をよく見ていきたいと思います。いつも仲良くしている２人ですので、しばらく様子を見ていただけると嬉しいです。

Q18 保育に関係のないプライベートな話題

保護者から

帰宅後、待ちにまった○○のグッズが家に届いていました～！　推しの笑顔に癒され、明日からまた頑張れそうです！

回答のポイント

保護者も自分の趣味やプライベートのことを書きたくなることもあります。書かれたことを受け止めながら、園での子どもの様子を返事にするとよいでしょう。

連絡帳での回答例

○○がお好きなのですね。好きなことでリフレッシュする時間も大切ですね。まゆちゃんも踊りや歌が大好きで、今日もみんなの前で素敵なダンスを披露してくれました。

今、11 月からの発表会に向けて、台本をみんなで作っているところです。歌や踊りの入った劇の練習も始まりますので、まゆちゃんの活躍を楽しみにしていてくださいね。

Q19 夫婦関係についての悩み

保護者から

最近夫婦喧嘩ばかりです。原因は子育ての考え方の違いです。私は、ゆうたに少しずつでもおまるに座ってほしいと思っていますが、夫はまだ早いと思っていたり。意見が合わず疲れてしまいます。

回答のポイント

子どもへの対応について夫婦で意見が異なる場合は、保育参加や保育参観を通して園での様子を一緒に見る機会を提案してみましょう。

連絡帳での回答例

ご夫婦がゆうたくんのことを大切にされていることがよくわかります。

園では、昼食と昼寝後の排せつでおまるに座る時間をとっています。来月は保育参加がありますので、ご都合が合いましたらご夫婦で園での様子を見ていただくと共通のイメージがもてるかもしれません。ぜひ参加していただき、今後の対応を話し合う機会とするのはいかがでしょうか。

Q20 夜泣きが激しくまいっています

保護者から

やっと母乳の間隔があいてきて、睡眠時間をとれるようになったと思っていたのですが、この１週間夜泣きが激しくてまいっています。１時間おきに泣くので、どうしたらいいかわかりません。

回答のポイント

保護者が苦しい状況にあることがわかります。このような場合は、対面で話したほうが保護者も安心して話せますし、保育者も具体的な事情や状況を把握することができます。

連絡帳での回答例

夜泣きによる睡眠不足のなか、仕事、育児、家事とつらい状況で大変なご苦労と思います。

お母さんおひとりではなく、お父さんやご家族での対応も考えてみるのはいかがでしょうか。私たちもサポートしますので、お話を聞かせいただけますでしょうか。お迎えのときにご都合のよい日がありましたら教えてください。

Q21 離乳のタイミングがわかりません

保護者から

夜中に授乳で何度も起きることが体力的にしんどくなってきています。離乳のタイミングがわかりません。ネットを見ると１歳前後がおすすめと書かれていたのですが、先生はどう思われますか？

回答のポイント

授乳や離乳は子どもの発達段階や家族の状況を踏まえて具体的な方法を一緒に考えていくようにします。そのために、対面での話し合いを提案してみましょう。

連絡帳での回答例

夜中の授乳で睡眠時間が減ると仕事中もつらいですよね。

離乳の時期や方法はさまざまですので、まゆちゃんとご家族にとってもっともよい方法を一緒に考えていきたいと思います。まゆちゃんのご自宅での様子やお母さんやお父さんの状況をもう少し詳しくお聞きする時間をいただけますでしょうか。都合のつく日時を教えてください。

Q22 担任への不満

保護者から

前から○○先生の子どもへの接し方が気になっていました。昨日の親子遠足でも「はやく来て」のような指示的な口調が多く、きつく感じてしまいました。○○先生としてはどのようにお考えですか。

回答のポイント

保護者の意見がきっかけで、自分の日々の保育を振り返るきっかけになります。保護者の意見をマイナスに捉えず、自分の保育を見直す機会にしましょう。

連絡帳での回答例

ご意見いただきありがとうございます。私の至らぬところによって、不快な気持ちにさせてしまい申し訳ありませんでした。

いただいたお話をもとに自分の話し方や子どもたちへの声のかけ方、接し方を振り返り、改善していきたいと思います。明日のお迎えの時間にお話する時間をいただけますでしょうか。

Q23 園の方針への不満、要望

保護者から

お迎え時のルールについて質問があります。子どものお迎えが先で、子どもと荷物を取りに行くというルールですが、３人いるため帰宅が遅くなりつらいです。荷物を先ではだめですか？

回答のポイント

園のルールや方針に対する意見や要望に対しては、まずは保護者の思いを受けとめ、園長と相談してから回答するため少し時間がかかることをはっきり伝えましょう。

連絡帳での回答例

お気持ちをお知らせくださりありがとうございます。帰宅時間が遅くなるとその後の生活にも影響が出ますよね。

いただいたご意見を園長と相談します。ご回答まで少しお時間をくださいますようお願いいたします。園長と相談後、私からお声がけさせていただきます。

Q24 保護者が何も書いていない場合

保護者から

回答のポイント

連絡帳の記入がない場合、忙しくて時間がない、文章を書くのが苦手など、さまざまな理由があります。保護者が返事をしやすいような質問を投げかけてみましょう。

連絡帳での回答例

毎日のお仕事、お疲れ様です。

午前の自由遊びのときに、おままごとのケーキをもってきたゆうたくん。「ハッピーバースデイ」の歌を歌っていたので「誰の誕生日？」と聞くと、「今日はお父さんの誕生日だよ」と教えてくれました。「ケーキも買うよ」ととても楽しみにしているようでした。週末はおうちでお祝いでしょうか。楽しみですね。

Q25 なかなか歩き出さず不安です

保護者から

1歳2か月になりましたが、まわりの子がどんどん歩き出しているのに、まゆはなかなか歩き出さず不安です。寝返りも遅かったし何か問題があるのでしょうか。

回答のポイント

保護者の不安な気持ちを受け止め、園での姿を肯定的に伝えましょう。そのさい、大丈夫ですという抽象的な言い方ではなく、園での具体的な姿を伝えるとよいでしょう。

連絡帳での回答例

心配なお気持ち、よくわかります。最近のまゆちゃんは、サークルにつかまりながら伝い歩きをしています。そろそろ一歩が出そうだなという姿があり、保育者みんなで楽しみにしているところです。お気持ちはとてもわかりますが、もう少しだけ見守っていくのはいかがでしょうか。

Q26 家では言うことを聞いてくれません

保護者から

自宅では何をするのにも「いや」「だめ」と言い、私の言うことを聞いてくれません。夫が言っても同じで、困っています。

回答のポイント

保護者に共感しながら、多くの子が経験することであることを伝えると保護者も安心します。回答例のように、すぐにできそうな具体的な対応方法を伝えるのもよいでしょう。

連絡帳での回答例

困った状況であるというお気持ち、よくわかります。この時期は「イヤイヤ期」とも言われ、子育てをするうえでは大変な時期ですが、ゆうたくんにとっては「いや」という言葉で自己主張しながら自分の気持ちを確認していく大切な時期でもあります。

AとBとどっちがいい？のように、ゆうたくんが選択できるような提案をするとよいかもしれませんね。

Q27 弟（妹）ができてから甘えがひどくなりました

保護者から

最近のゆうたは、まゆ（妹）を抱っこしていると急に怒ったり甘えたりがひどくなりました。私も睡眠不足で、ゆうたに優しくできずしんどいです。

回答のポイント

保護者の気持ちを受け止めつつ、ゆうたくんの気持ちを代弁して伝えるとよいでしょう。そのさい、保護者に無理がない程度の具体的な方法を添えてみましょう。

連絡帳での回答例

産後の寝不足のなかで育児と家事、ゆうたくんの気持ちへの対応と本当に大変だと思います。

ゆうたくんは、ひとり占めしてきた大好きなお母さんがまゆちゃんにとられてしまうようで不安なのかもしれません。ギュッと抱きしめたりするスキンシップを多めにとると安心すると思いますので、ぜひ試してみてください。

指導計画
書き方の基本

柔軟な保育を行うための計画書

指導計画を作成することで、保育の全体像の把握、保育の入念な準備、保育中の柔軟な対応が可能になります。

保育が計画通りに進まないこともあるでしょう。ですが、保育前にしっかり準備をしたりさまざまな展開を考えておいたりすることで、行き当たりばったりやその場しのぎではなく、計画の趣旨を意識しつつ、その場に適した柔軟な保育をしやすくなります。こうした積み重ねが、質の高い保育につながっていくのです。

指導計画の主な役割とポイント

保育の全体像を把握できる

計画を立てることで、保育の全体像を把握することができます。たとえば、保育所の全体的な計画は、乳児から５歳までの全月齢の育ちを見通して作成します。

保育の準備になる

月案や週案を立てるさいには、保育のねらいや内容を考えます。また、子どもの発達段階に即した保育方法も考えます。これらは保育の準備になります。

保育中の柔軟な対応につながる

計画を立てるさいにはさまざまなことをシミュレーションします。保育前にさまざまな状況を考えておくことは、実際の保育での柔軟な対応につながります。

指導計画の種類

指導計画にはさまざまな種類があります。保育所の「全体的な計画」、幼稚園や認定こども園の「教育課程」のように、保育所保育や幼稚園教育の全体像を把握する計画があります。また、「年間指導計画」や「月案」のような長期的な指導計画、「週案」のような短期的な指導計画もあります。

全体的な計画(保育所)

乳児から5歳までの育ちの見通しをまとめた計画

全体的な計画は、保育所に通う乳児から5歳児の育ちの見通しをまとめた計画です。すべての計画のもっとも上位に位置するものです。全体的な計画をもとにして年間指導計画や月案、週案を作ります。

全体的な計画の基本と実例➡P.72

年間指導計画

月齢ごとに年間・月間の保育のねらい等をまとめた計画

年間・月間指導計画は、月齢ごとに年間あるいは月間の保育のねらい、内容、環境構成や配慮事項をまとめた計画です。年間指導計画と月案が別々の計画になっていることもありますが、最近では書き方例のように年間指導計画と月案が1つにまとまっている計画もあります。

年間指導計画の基本➡P.74、書き方例➡P.76

月案・週案

月齢ごとに1週間の保育のねらいや内容をまとめた計画

週案は、月齢ごとに1週間の保育のねらい、内容、環境構成や配慮事項をまとめた計画です。そして、年間指導計画や月案を踏まえつつ、今の子どもの姿に適した保育をするために作る計画でもあります。そのため、週案では今の子どもの姿を踏まえた保育を考えて計画を立てることが大事です。

月案・週案の基本➡P.78、書き方例➡P.80

指導計画の項目

指導計画はさまざまありますが、ねらいや内容のように各計画に共通して含まれる項目もあります。ここでは、各計画に共通することが多い項目の概要と書き方のポイントを説明しましょう。

各項目の概要とポイント

子どもの姿

前月や前週の子どもの様子を書きます。保育は常に子どもを起点に考えるからです。子どもの姿を書くさいは、子どもの心情、意欲、態度に着目して書くようにしましょう。

ねらい

保育の目標を書きます。ねらいを明確にするのは、行き当たりばったりの保育ではなく、計画的な保育にするためです。子どもの興味や発達に即したねらいを設定しましょう。

内容

ねらいを達成するための保育の内容を書きます。全体的な計画や年間指導計画の内容は、養護と教育（5 領域、P.79 を参照）に分けて書くようにしましょう。

環境構成

ねらいや内容を実現するための環境を書きます。保育は環境を通して行うものだからです。あまり細かいことではなく、内容に関係のあることだけを書くようにしましょう。

予想される子どもの姿

計画している保育の中で見られるであろう子どもの姿を予想して書きます。あれもこれも書くのではなく、保育者の援助や留意点につながる子どもの姿を書きましょう。

保育者の援助と留意点

ねらいを達成するために必要な保育者の援助や配慮すべきことを書きます。クラス全員と子ども一人ひとりの視点から援助や配慮を考えて書くようにしましょう。

家庭・地域との連携

家庭や地域にしてほしいことを書きます。保育は保育者と家庭・地域が連携して行うものだからです。その月や週で必要なことを簡潔に書くようにしましょう。

振り返り・自己評価の視点

保育を振り返り、自己評価を書きます。保育を丁寧に振り返ることで、保育力が確実にアップします。ねらいや内容、環境構成の視点から保育を点検して書きましょう。

保育の PDCA サイクルでの指導計画

保育の質を高めるためには、保育の PDCA サイクルが大事です。この場合の P は PLAN（計画）、D は DO（実践）、C は CHECK（評価・振り返り）、A は ACTION（改善）です。

指導計画は PDCA サイクルのスタート地点で作るものです。ここでしっかりとした指導計画を作っておくことが、その後の保育実践、振り返り、改善点の発見の質を高めることになります。

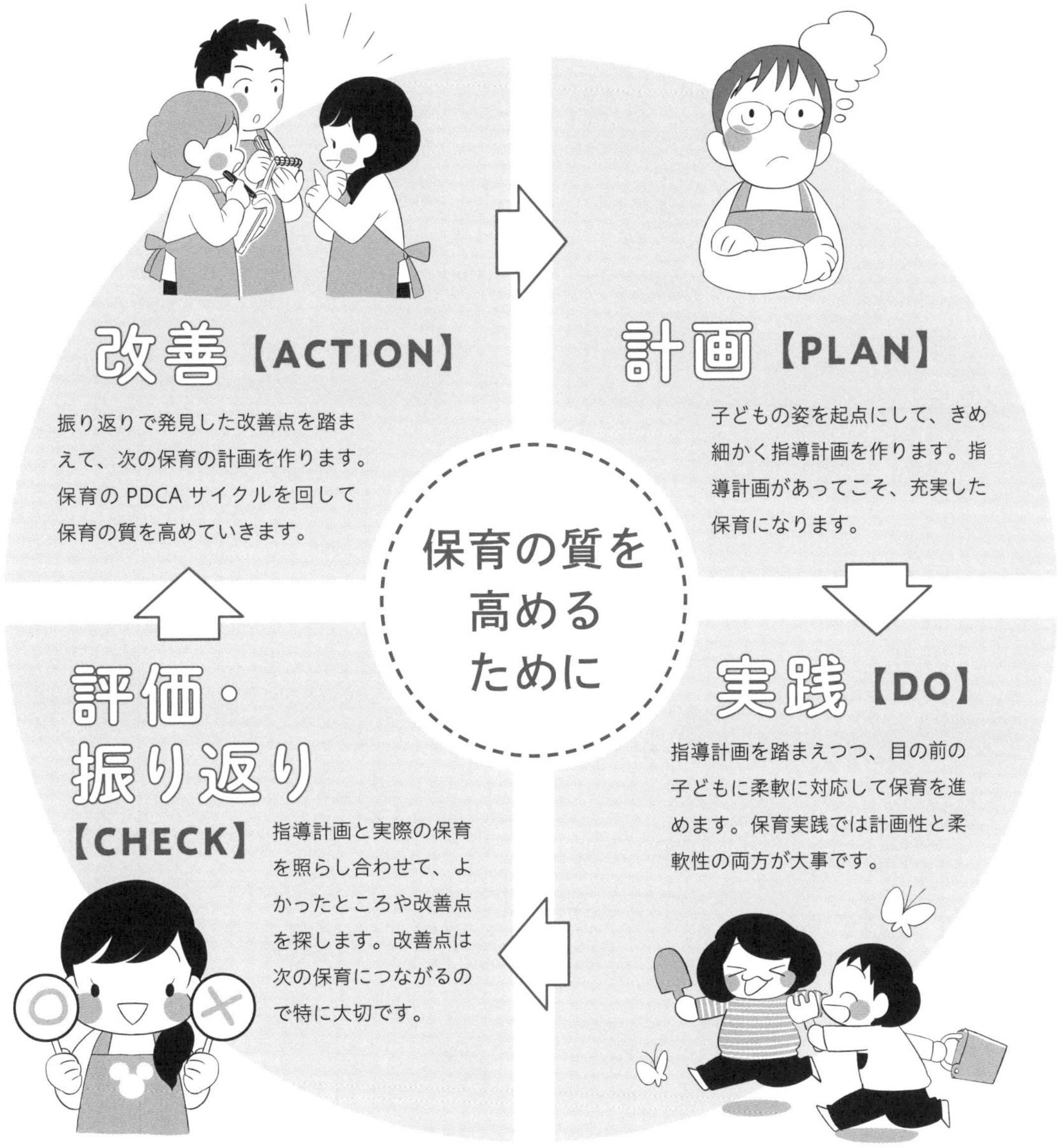

保育理念・目標			子ども達が現在をもっともよく生き、望ましい未来を作り出す力の基礎を培う				保育方針
発達過程区分			0歳児			1歳児	2歳児
養護	生命の保持	ねらい	・生理的欲求の充実	生命の保持	ねらい	・生活リズムの形成	・適度な運動と休息の充足
		内容	・子どもの発達過程に応じた生活リズムをつくり、生理的要求を十分に満たす		内容	・子どもの生活リズムを重視し、生理的欲求を十分に満たす	・健康状態や発達を的確に把握し、快適に過ごす
	情緒の安定	ねらい	・受容的、応答的な触れ合い ・情緒的な絆の形成	情緒の安定	ねらい	・温かなやりとりによる心の安定	・自我の育ちへの受容と共感
		内容	・保育者との信頼関係を築き、情緒が安定し、安心して過ごす		内容	・子どもの発達過程を把握した上で、さまざまな欲求を満たし、安心して気持ちを表現する	・安心できる保育者の下で簡単な身の回りのことを自分でする
教育	【健やかに伸び伸びと育つ】	ねらい及び内容	・身体機能が発達する ・食事、睡眠等の生活のリズム感覚が芽生える	【健康】	ねらい	・歩行の確立による行動範囲の拡大	・排泄の確立 ・運動、指先の機能の発達
					内容	・自由な活動を通し、からだを動かして遊び、安定感をもって生活する	・保育者の見守りのなか、身の回りのことを自分からする
				【人間関係】	ねらい	・周囲の人への興味や関心の広がり	・自己主張の表出 ・友達とのかかわりの増大
	【身近な人と気持ちが通じ合う】	ねらい及び内容	・特定の大人との深いかかわりにより、愛着が形成される ・喃語の育みと応答的なかかわりにより、言葉が芽生える		内容	・保育者や友達との安定した関係のなかで行動に興味を示し、ともに過ごす心地良さを感じる	・保育者を仲立ちとして、友達とかかわって遊ぶことの喜びを味わう
				【環境】	ねらい	・好奇心の高まり	・身近な自然や事象への関心
					内容	・安心できる環境のなかで探索活動を通して感覚の働きを豊かにする	・身近な自然や事象に興味や関心を広げ、探索、模倣をして遊ぶ
	【身近なものと関わり感性が育つ】	ねらい及び内容	・身近な環境に親しみ、興味や関心をもつ ・身体の諸感覚認識が豊かになり、全身で表現する	【言葉】	ねらい	・発語の意欲の形成	・言葉のやりとりの楽しさ
					内容	・保育者との応答による心地よさや嬉しさを感じ、自分の思いを身振りや片言で伝え楽しむ	・生活に必要な簡単な言葉を聞き分けたり、また、関心事を言葉で伝える
				【表現】	ねらい	・いろいろな素材の表現の楽しさ	・象徴機能の発達とイメージの膨らみ
					内容	・さまざまな体験を通じて、感じたことを自由に表現しようとする	・興味のあること、経験したことを再現したり真似したりして楽しむ
保育をする際の配慮事項			・一人ひとりの発育、発達状態、生育歴の把握 ／・それに応じた保健的、応答的な対応 ／・職員間、嘱託医との連携 ／・保護者との信頼関係構築、相談対応、支援			・身体の状態、機嫌、食欲などの日常の状態の観察及び適切な判断に基づく保健的な対応 ／・事故防止、活動しやすい環境の整備 ・全身を使う遊びなどさまざまな遊びの取入れ ／・情緒の安定、子どもの自発的な活動の尊重	
幼児期の終わりまでに育ってほしい姿	健康な心と体	低月齢	・立つ、伝い歩き、一人歩きなどの運動を積極的に行うようになる ・安心できる環境のなかで、安心した気持ちで過ごせるようになる			・歩行の確立によりからだを動かすことが楽しいと感じるようになる	・自分でトイレに行き、後始末や手洗いをしようとするようになる
		高月齢	・活発になり、全身を使った遊びを楽しむようになる			・大まかな一日の生活の流れがわかるようになる	・基本的な運動機能や手指の機能が発達し、身の回りのことをしようとするようになる
	自立心	低月齢	・保育者に援助されながら、食事や着脱などの活動を自分でしてみようとするようになる			・身の回りのことを保育者と一緒にしようとするようになる	・保育者との安定的なかかわりのなかで、簡単な身の回りのことを自分でしようとするようになる
		高月齢				・自分でしてみる経験を繰り返すことにより、できるようになる喜びを感じるようになる	・自分からしようとする意欲、あきらめずにやり遂げようとする気持ちが芽生えるようになる
	協同性	低月齢	・周囲の人に興味や関心を示し、関わろうとするようになる			・他の子どもに関心をもち、関わろうとするようになる	・友達とのかかわりができ、一緒に行動したり、同じ遊びを好んでしたり、つもりやごっこ遊びをしたりするようになる
		高月齢	・保育者や友だちとのかかわりを喜ぶようになる			・友達と一緒に遊ぶことが楽しくなり、思いを主張しながらもあそびが持続するようになる	・自我が育ち、相手の気持ちに気づくようになる
	道徳性・規範意識の芽生え	低月齢	・保育者の見守りのなかで玩具の貸し借り、順番などを少しずつ理解するようになる			・決められた所へ、物を入れたり出したりするようになる ・遊びの終わりがわかり、保育者と一緒にかたづけるようになる	・保育者の仲立ちにより、順番がわかったり譲ったりするようになる
		高月齢				・繰り返しの経験のなかで、決まりがあることに気づくようになる ・順番に交代することがわかり、少しの間なら待つことができるようになる	・友達と簡単な約束を守り、一緒に遊ぶことを楽しむようになる
	社会生活との関わり	低月齢	・身近な人や物に興味や関心を示し、見たり触れたりするようになる			・保育者との安定した関係の中で、新たな人や物への興味を広げるようになる	・保育者のお手伝いをすることを喜び、楽しんで行うようになる
		高月齢				・異年齢児の子どもの活動に興味を示し、見たり真似たりして、一緒に遊ぶようになる	・身近な人とともに伝統文化などを楽しみながら、地域と親しみを感じるようになる
	思考力の芽生え	低月齢	・周囲のさまざまな環境に興味を広げ、見る、聞く、触れる、嗅ぐ、味わうなどの感覚を働かせようとするようになる			・身近な環境に興味や関心をもち、探索をして遊ぶようになる	・気づいたことを話したり、友達の話を聞いたりするようになる
		高月齢				・つまむ、ひねる、丸めるなど素材を使った遊びを楽しみ、作った物で見立て遊びをするようになる	・目の前にはない場面や事物を頭の中でイメージして目の前のもので見立てるようになる
	自然との関わり・生命尊重	低月齢	・保育者の声かけや援助により、自然に出会い興味をもち美しさや変化を感じるようになる			・五感を使って身近な自然と触れ合うようになる	・身近な動植物に触れ、不思議さや面白さを感じるようになる
		高月齢				・身近な動植物に触れたり、見たりして親しみをもつようになる	・季節の遊びを通じて、自然の豊かさや自然事象に関心をもつようになる
	数量や図形、標識や文字などへの関心・感覚	低月齢	・保育者とのやりとりのなかで数、形、色、手触りに少しずつ興味を示すようになる			・食べ物の名前、味、形、色などに興味を示すようになる	・物の形や色、大きさ、重さに気づくようになる
		高月齢				・玩具やいろいろな素材に触れる中で、形、色、大きさ、量などに気づけるようになる	・生活のなかで、身の回りの物の名前や簡単な数、形、色などがわかるようになる
	言葉による伝え合い	低月齢	・喃語、身振り、指差しで自分の思いを伝えようとするようになる			・絵本の読み聞かせや保育者の応答的なかかわりによって、片言、一語文、二語文を話せるようになる	・絵本を見たり聞いたりして、言葉の繰り返しを楽しむようになる
		高月齢	・身振り、片言などで自分の思いを伝えようとするようになる			・しぐさや言葉で思いを伝えようとするようになる	・見たことや感じたことを言葉で伝えたり、友達や保育者と言葉のやりとりをしたりして楽しむようになる
	豊かな感性と表現	低月齢	・生活の中でさまざまな出来事に触れ、心で受け止め、感じたことを全身で表そうとするようになる			・保育者と友達の真似をして、からだを動かすことを喜ぶようになる	・保育者と友達の真似をして身体を動かすなかで一体感を味わうことを喜ぶようになる
		高月齢				・さまざまなものをからだと心の両方で感じる経験を重ね、感覚や感性が育つようになる	・興味のあることや経験したことなどを、生活や遊びのなかで、再現したり真似たりする楽しさを味わうようになる

・愛情と信頼関係を大切に、一人ひとりの子どもを大切に見守り育てる　・情操、体力、知力の調和のとれた環境の中で生きる力を育てる ・子どもが主体的に活動できるように援助し、自ら学ぶ力や生きる力を育てる		
3歳児	4歳児	5歳児
・健康的生活習慣の形成	・運動と休息のバランスと調和	・健康・安全への意識の向上
・生理的欲求を満たし、適切な生活リズムをつくる	・適度な運動と休息のバランスをとり、意欲的に生活できるようにする	・保健、安全など生活に必要な習慣を身につける
・主体性の育成	・自己肯定感の確立と他者の受容	・心身の調和と安定による自信の獲得
・主体的に活動し、自発性や探索意欲を高め、自信をもつことができるようにする	・自己肯定感を育み共感しながら、継続的な信頼関係を築いていく	・生活リズム、発達の過程、在園時間などに応じて、活動内容の調和をはかり自信をもって行動する
・意欲的な活動 ・基本的生活習慣の確立	・健康への関心 ・身体全体の協応運動	・健康増進とさらなる挑戦への意欲
・生活に必要な習慣や身の回りのことを自分でする	・健康、安全な生活に必要な習慣や態度に関心をもち、身につける	・健康や安全に必要な習慣を身につけ、自分でできることに喜びをもつ
・道徳性の芽生えと並行遊びの充実	・仲間との深いつながり	・社会性の確立と自立心の育成
・保育者や友達との安定した関係の中でかかわりながら、一緒に活動する楽しさを味わう	・友達とのつながりを広げ、集団で活動することを楽しむ	・保育者や友達と安定した関係の中で目標に向かって意欲的に生活や遊びを楽しむ
・身近な環境への積極的なかかわり	・社会事象への関心の高まり	・社会、自然事象へのさらなる関心と生活への取り入れ
・身近な動植物や自然事象に親しみ、驚いたり感動したりする	・身近な環境に興味をもち、自分から関わり、遊びや生活のなかに取り入れる	・さまざまな物事や自然に主体的に関わり、試したり、発見したりしながら工夫して遊ぶ
・言葉の美しさ、楽しさへの気づき ・生活の中での、必要な言葉の理解と使用	・伝える力、聞く力の獲得	・文字や数字の獲得による遊びの発展
・思ったことや感じたことを言葉に表し、保育者や友達との言葉のやりとりを楽しむ	・自分の思いを伝えたり、相手の話を聞いたりして会話を楽しむ	・さまざまな機会や場で活発に話したり、聞いたりして、生活の中で、適切な言葉を使い表現する
・自由な表現と豊かな感性の育ち	・豊かな感性による表現	・ダイナミックな表現 ・感動の共有
・見たり、感じたり、考えたりしたことを身振りや動作で表現し楽しむ	・友達と一緒に遊びのイメージを共有し、感じたこと、考えたこと、経験したことなどをいろいろな方法で表現する	・友達と心を通わせ一緒に表現する過程を楽しむとともに、感動する体験などを通し、豊かな感性を育み、それらを表現する意欲を高める
・指導を行うさいには、「幼児期の終わりまでに育ってほしい姿」を適宜考慮すること ／・保護者の就労状況等に応じて、子どもが保育所で過ごす時間が異なることに留意しつつ、子どもの発達や成長の援助をねらいとした活動時間を、意識的に計画上に位置付け実施すること		
・生活の流れがわかり、自分でできることは自分でしようとするようになる	・生活の流れや生活の仕方がわかり、基本的な生活に必要な習慣を身につけるようになる	・健康で安全な生活に必要な習慣や態度を身につけ、見通しをもち自ら進んで行動するようになる
・みんなから認められることに、喜びを感じるようになる	・活動に意欲的に取り組むなかで、楽しさや、やり遂げた喜びを味わうようになる	・自分なりに考えたり工夫したりしながらあきらめずやり遂げ、達成感を味わい、自信をもって行動するようになる
・保育者の仲立ちのもと、友達と思いを伝え合って遊ぼうとするようになる	・友達とイメージや目的を共有し、工夫したり協力したりしながら遊ぶようになる	・自分の思いを伝えたり、相手の思いに気づいたりしながら、協力して物事をやり遂げる大切さや充実感を味わうようになる
・友達とのかかわりを徐々に深めながら、簡単なルールのあるあそびを楽しむようになる	・思い通りにいかない不安や葛藤を経験するなかで、自分の思いを表現したり相手を意識したりして遊ぶようになる	・自分の気持ちを調整し、友達と折り合いをつけながら、決まりの大切さがわかり守るようになる
・地域の人と親しみをもって関わるようになる	・地域の人と関わる喜びを感じ、感謝の気持ちをもつようになる	・地域の人に自分から親しみの気持ちをもって接し、自分が役に立つ喜びを感じるようになる
・身近な環境に関わり、気づいたり感じたりして遊ぶようになる	・自分なりに考えたり、試したりしながら、工夫して遊ぶようになる	・身近な事象に積極的に関わる中で、物の性質や仕組みを活用し、考えたり工夫したりするようになる
・身近な動植物をはじめ、自然現象をよく見たり触れたりして、驚き親しみをもつようになる	・身近な自然に親しみ、自然に触れ合うなかでさまざまな事象に関わりながら、考えたり工夫したりして遊ぶようになる	・自然に触れて感動する体験を通じて、自然の大きさや不思議さを感じ命あるものを大切にする気持ちをもつようになる
・身の周りの物の色、量、形などに関心をもち、分けたり集めたりするようになる	・体験を通して身の周りの物の色、数、量、形等に興味や関心をもち、数えたり比べたりするようになる	・生活の中で物の性質や数量、図形、文字、時間等に関心や感覚をもつようになる
・経験したことや感じたことを自分なりの言葉で保育者や友達に伝えようとするようになる	・保育者や友達との会話を楽しみながら、自分の思いや経験したことを相手に伝わるように話すようになる	・人の話を注意深く聞き、理解し、自分の思いも相手にわかるように話すようになる
・友達と一緒にイメージを広げたり、見立て遊びを楽しんだりして遊ぶようになる	・友達とイメージを共有するなかで、動きや言葉などで表現したり、演じて遊んだりする楽しさを味わうようになる	・友達同士で互いに表現し合うことで、さまざまな表現の面白さに気づいたり、友達と一緒に表現する過程を楽しんだりするようになる

出典：岡山県玉野市立保育園・認定こども園（執筆者によって一部改変）

保育の指針となる大きな枠組み

2017年に保育所保育指針が新しく告示され、保育の目標や方法、育てたい子ども像などをまとめた「全体的な計画」を作成することが示されました。全体的な計画は、園の計画の中でもっとも上位に位置付けられる計画です。全体的な計画を念頭に置いて、年間指導計画、月案、週案を考えていきます。

指導計画

年間指導計画の基本

年間目標に沿って、１年間の保育内容を計画する

年間指導計画は、全体的な計画や教育課程を踏まえて作ります。月案や週案のように、ねらいや内容、保育者の援助や家庭・地域との連携の項目があります。

年間指導計画の特徴として、第１期（４月～５月）、第２期（６月～８月）、第３期（９月～12月）、第４期（１月～３月）の４つに区分してまとめてあることが多いです。また、本例のように、年間指導計画と月案をセットにした様式もあります。

保育所の全体的な計画とは

保育所での全体的な計画とは、乳児から５歳児の育ちの見通しや、保育所の運営方針などをまとめたものです。全体的な計画は、年間指導計画よりも上位の計画ですから、年間指導計画は全体的な計画に即して作るようにします。

書き方例（P.76）のポイント

POINT 1

保育の方向性を明確に！

１年間の保育の方向性を明確にするために、「その年齢の終わりまでに育ってほしい姿」を園全体で考え、低月齢と高月齢に分けて設定してあります。

POINT 2

年間指導計画と月案をセットに

年間指導計画の中に月案を組み込んだ様式になっています。これによって、１年間と毎月のねらいや内容の関係がわかりやすくなっています。

POINT 3

自己評価の項目を設定する

本計画では、年度末にまとめて自己評価するのではなく、毎月の自己評価を記入していくことで１年間の自己評価にもなる構成となっています。

作成するさいのポイント

全体的な計画や教育課程をふまえて作る

保育における各種の計画はお互いに関係しているので、計画間のつながりや整合性が大切です。そのため、年間指導計画を作るときは、全体的な計画や教育課程とのつながりや整合性を意識するようにしましょう。

全体的な計画や教育課程を具体化したり展開したりするとよいでしょう

年間目標を丁寧に作り込む

年間目標は、園の教育・保育の目標と、各月齢（学年）の子どもの１年間の育ちを見通して作ります。子どもの育ちは発達、遊び、他者との関わりなどのさまざまな視点から考えていきます。昨年の計画も振り返り、改善点を反映させましょう。

「楽しむ」「遊ぶ」「しようとする」という言葉を使うとよいでしょう

家庭に期待することを明確にする

家庭・地域との連携では、１年間で保護者と共有したいこと、保護者にとって必要な情報、家庭や地域との連携で園が大切にすることを、保護者がわかるように書きます。園庭開放や体験保育のような地域社会に対する子育て支援についても記します。

「伝えていく」「共有する」「……の機会をもつ」という言葉を使うとよいでしょう

作成時に注意すべきこと

年度末には計画と保育実践を照らし合わせて、１年間の保育を自己評価（振り返り）します。ねらい、内容、環境構成などの計画内にある項目と実際の保育を比較しながら、どこが、なぜできなかったのか、次年度はどう改善すればよいかを丁寧に点検していきます。

「～していたか」のように振り返りの視点を記入しておくのもよいでしょう

年間指導計画の書き方例

年間目標	○簡単な身の回りのことを自分でしようとする。 ○保育者と一緒に全身を使う運動や、指先を使う遊び、ごっこ遊びなどを十分に楽しむ。 ○興味のあることを模倣したり、経験したりしたことを言葉や動作で表現しようとしたりする。 ○遊びや活動を通じて、興味・関心および友達とのかかわりを広げていく。	2歳児の終わりまでに育ってほしい姿

年間区分	1期（4月〜5月）	2期（6月〜8月）
ねらい	○新しいクラスや保育者に慣れる。 ○身の回りのことを、保育者と一緒にしながら生活の仕方を知る。 ○保育者や友達と一緒に好きな遊びをする。	○保育者に手伝ってもらいながら、身の回りのことをしようとする。 ○水、砂、泥に触れながら、全身を使ってダイナミックに遊ぶ。 ○保育者や友達と一緒に、好きな遊びを楽しむ。
内容 養護 生命・情緒	○一人ひとりの欲求を満たし、保育者とのふれあいのなかで、安心して過ごせるようにする。	○梅雨期、夏季の健康に留意して、十分に休息できる環境をつくり、元気に過ごせるようにする。 ○信頼関係のもと、安心して自分の思いを表すことができるようにする。
内容 教育 健康 人間関係 環境 言葉 表現	○こぼしながらも、スプーンやフォークを持って自分で食べる。(健) ○誘われてトイレに行ったり、排泄後に知らせたりする。(健) ○保育者の言葉かけにより、石けんを使って手を洗ったり、タオルで拭いたりする。(健) ○保育者にそばについてもらって、安心して眠る。(健) ○持ち物の置き場がわかり、生活の仕方を身につけていく。(健) ○好きな遊びを見つけて遊ぶ。(環) ○簡単な挨拶をする。(言) ○なぐり描きをしたり、粘土をこねたりする。(表) ○歌ったり、手あそびをしたり、リズムに合わせてからだを動かしたりする。(人・表)	○保育者に言葉かけをされながら、自分で食べる。(健) ○尿意を動作や言葉で知らせ、保育者と一緒にトイレに行き排泄する。 ○簡単な衣服の着脱は自分でする。(健) ○友達のしていることに興味を持ち、模倣遊びをしながら、短時間かかわって遊ぶ。(人) ○保育者と一緒に身の回りのもの（服、靴、玩具など）を出したりかたづけたりする。(環) ○水、土、砂に触れ、開放的に夏の遊びを楽しむ。(環) ○してほしいことや、やりたいことを言葉で伝えようとする。(言) ○なぐり描きをしたり、のりで貼ったりする。(表) ○絵本や紙芝居を見たり、聴いたりして親しむ。(人・言・表)
■環境構成 ◇配慮事項	■持ち物の置き場がわかるようにマークを貼り、保育者が一緒に行いながら生活の仕方を知らせていく。 ■自分の好きな場所や選んで遊べる環境を工夫して整える。 ◇食事・排泄・午睡などが安心してできるようにゆったりとした生活リズムと雰囲気作りを心がける。	■暑さで体調を崩しやすいので、健康には十分留意し、気持ちよく過ごせるようにする。特に戸外で遊ぶ時間、室温の調整、水分補給については細心の注意を払う。 ◇自分でしようとする気持ちを大切にして、うまくいかないいらだちは丁寧に受け止める。
家庭・地域との連携	○園での様子と家庭での様子をともに伝え合い、保護者との信頼関係を築く。	○暑い時期の健康管理について、家庭との連絡を密にする。 ○戸外遊びでよく汗をかき、汚れも多くなるので、着替えを多めに用意してもらう。

月	4月	5月	6月	7月	8月
ねらい	○新しい環境や生活リズムに慣れ、安心して過ごせるようになる。 ○好きな遊びを見つけて楽しむ。 ○春の自然に触れながら、戸外でからだを動かして遊ぶ。	○園生活の流れがわかり、安心して過ごす。 ○保育者や友だちと一緒に好きな遊びを楽しむ。 ○からだを動かして遊んだり、砂や水、土や虫などに触れて春の自然を楽しむ。	○梅雨時期を健康で快適に過ごす。 ○保育者に援助されながら、身の回りのことをしようとする。 ○砂や泥、水などに触れて楽しむ。 ○指先を使った遊びを楽しむ。	○一人ひとりのペースで、着脱や排泄など身の回りのことを自分でしようとする。 ○水の冷たさを感じながら保育者や友達と水遊びやプール遊びを楽しむ。 ○保育者や友達とやりとりのある遊びを広げていく。	○簡単な身の回りのことを、保育者に援助してもらいながら、自分でしようとする。 ○保育者や友達と水や泥にたくさん触れ、夏の遊びを楽しむ。 ○自分の思いや、してほしいことをことばで伝えようとする。
自己評価					

年間指導計画（2歳児）

低月齢	・自分でトイレに行き、後始末や手洗いをしようとするようになる。 ・保育者との安定的なかかわりのなかで、簡単な身の回りのことを自分でしようとするようになる。 ・友達とのかかわりができ、一緒に行動したり、同じ遊びを好んでしたり、つもりやごっこ遊びをしたりするようになる。 ・保育者の仲立ちにより、順番がわかったり譲ったりするようになる。 ・保育者のお手伝いをすることを喜び、楽しんで行うようになる。 ・気づいたことを話したり、友達の話を聞いたりするようになる。 ・身近な動植物に触れ、不思議さや面白さを感じるようになる。 ・物の形や色、大きさ、重さに気づくようになる。 ・絵本を見たり聞いたりして、言葉の繰り返しを楽しむようになる。 ・保育者と友達の真似をして身体を動かすなかで一体感を味わうことを喜ぶようになる。
高月齢	・基本的な運動機能や手指の機能が発達し、身の回りのことをしようとするようになる。 ・自分からしようとする意欲、あきらめずにやり遂げようとする気持ちが芽生えるようになる。 ・自我が育ち、相手の気持ちに気づくようになる。 ・友達と簡単な約束を守り、一緒に遊ぶことを楽しむようになる。 ・身近な人とともに伝統文化などを楽しみながら、地域と親しみを感じるようになる。 ・目の前にはない場面や事物を頭の中でイメージして目の前のもので見立てるようになる。 ・季節の遊びを通じて、自然の豊かさや自然事象に関心をもつようになる。 ・生活のなかで、身の回りの物の名前や簡単な数、形、色などがわかるようになる。 ・見たことや感じたことを言葉で伝えたり、友達や保育者と言葉のやりとりをしたりして楽しむようになる。 ・興味のあることや経験したことなどを、生活や遊びのなかで、再現したり真似たりする楽しさを味わうようになる。

3期（9月～12月）	4期（1月～3月）
○簡単な身の回りのことを　少しずつ自分でやってみようとする。 ○身近な自然の中で、十分にからだを動かして遊ぶ。 ○さまざまな経験や体験から、見立てつもり遊びを楽しむ。	○生活の流れが身につき、身の回りのことが自分でできることを喜び、自信をもつ。 ○ごっこ遊びや簡単なルールのある遊びをとおして、友達と一緒に遊ぶ楽しさを味わう。 ○冬の自然事象に親しみ、寒くても戸外で元気に遊ぶ。
○気温や季節の変化に留意しながら、快適に過ごせるようにする。 ○自分の思いや感情の表出を保育者に共感的に受け止められることを通して、自信につなげられるようにする。	○かぜが流行する時期なので、室温、換気に気を配り、手洗いやうがいなどの予防に努めて、元気に過ごせるようにする。 ○身の回りのことを自分でする姿を見守り、一人ひとりに合わせてこまやかに配慮しながら、自分でできた喜びを味わうことで、自信につなげられるようにする。
○苦手なものでも保育者に励まされて、手伝ってもらいながら、食べようとする。（健） ○尿意、便意を言葉で知らせ、自分からトイレに行き排泄する。（健・言） ○手洗い、うがいなどが丁寧にできるようになる。（健） ○戸外で思いきりからだを動かして遊ぶ。（健） ○保育者や友達とごっこ遊びをしながら、簡単な言葉のやりとりをする。（人・言） ○自然物を見たり触れたりして遊び、好奇心や興味をもつ。（環） ○自分の気持ちや要求を、言葉や動作や表情で伝えようとする。（言） ○のり、はさみに興味をもち、貼ったり切ったりする。（表） ○保育者や友達と一緒に歌ったり、からだを動かしたりする。（表）	○楽しく食事をする中で、正しく箸やスプーン、フォークを使って食べる。（健） ○自分からトイレに行き排泄し、後始末をしようとする。（健） ○簡単な衣服の着脱を一人でしたり、片付けたりする。（健） ○手を洗う、鼻をふくなど、保育者の手を借りながら自分でする。（健） ○保育者や友達と一緒に、簡単なルールのある遊びをする。（人） ○冬の自然に触れて遊んだり、季節の変化を感じたりする。（環） ○経験したことや身近な出来事を言葉で伝えようとする。（言） ○貼ったり、切ったり、描いたりして、いろいろな素材に触れて遊ぶ。（表） ○楽器を使って表現遊びを楽しむ。（表）
■活発に体を動かす機会を多くもち、のびのびと遊べるよう、発達に応じた運動遊具の使い方や組み合わせ方を工夫する。 ◇模倣やごっこ遊びの中で、友達と一緒に遊ぶ楽しさを経験出来るように、保育者が仲立ちしていく。	■室温、湿度に配慮し、感染症の流行を防止する。 ◇生活や遊びのさまざまな場面で、自信がもてるよう認めたり、ほめたりし、その自信が次の意欲につながるように丁寧にかかわっていく。
○園の行事について伝え、参加を呼びかける。 ○運動会や、生活発表会などを通して、子どもの成長をともに喜ぶ。	○進級に向けて、子どもの成長、発達をともに喜び合い、子どもの自信につなげる。

9月	10月	11月	12月	1月	2月	3月
○気候や体調に合わせて、無理なく過ごす。 ○保育者に見守られながら、身の回りのことを自分でしようとする。 ○保育者や友達とからだをしっかり動かして遊ぶ。	○生活の流れがわかり、身の回りのことを自分でしようとする。 ○秋の自然に触れて遊ぶ。 ○生活や遊びを通して友達とかかわることを楽しむ。	○さまざまな素材を使って、手指を使うあそびや表現活動を楽しむ。 ○保育者や友達と簡単なやりとりのある遊びを楽しむ。 ○自分でできることが増え、簡単な身の回りのことを、自分でしようとする。	○戸外でからだを動かして遊ぶ。 ○友達や保育者と一緒にごっこ遊びを楽しむ。 ○冬の自然や生活の仕方に興味をもつ。	○自分ですることに自信をもち、意欲的に遊んだり、身の回りのことをしようとしたりする。 ○保育者や友達と一緒に、正月遊びを楽しむ。 ○思いを保育者や友達に話そうとする。	○簡単な身の回りのことを、すすんでしようとする。 ○からだを動かす遊びや、指先を使う遊びを楽しむ。 ○冬の寒さや自然に触れたり、友達と一緒に簡単な集団遊びを楽しんだりする。	○保育者や友達とのかかわりを喜び、自信をもってすごす。 ○自分で身の回りのことができることを喜び、進級に期待をもつ。 ○ごっこ遊びや簡単な集団遊びを通して、気の合う友達と言葉でやりとりすることを喜ぶ。

出典：岡山県玉野市立保育園・認定こども園（執筆者によって一部改変）

指導計画

月案・週案の基本

年間指導計画を１か月・１週間単位に細分化

月案や週案は年間指導計画をふまえて作ります。年間指導計画のねらいや内容を月単位、週単位で具体的に展開するというイメージをもつとよいでしょう。月案に「園での生活の流れを知る」とあれば、週案では「友達や担任の名前を覚える」のように具体化します。また、週案は年間指導計画や月案をふまえつつ、今の子どもの興味や関心、発達段階に即して作ります。今の子どもの姿に合わせた保育にするために、週案は特に大切な計画となるのです。

月案・週案に入れる項目は？

月案や週案には、「前月（週）までの子どもの姿」「ねらい」「内容」「予想される子どもの姿」「環境構成」「保育者の援助と配慮」「健康と安全」「家庭・地域との連携」「自己評価」などの項目を入れます。

月案　書き方例（P.80）のポイント

POINT 1

養護と教育の両方の視点を大事にする

保育の内容は養護と教育（５領域）の両方の視点から書きます。両方の視点から考えてあれば、養護と教育は一緒に書いてもかまいません。

POINT 2

保育の方向性を明確にする

保育の方向性を意識するために、「幼児期の終わりまでに育ってほしい姿」につながる「３歳の終わりまでに育ってほしい姿」が明示してあります。

POINT 3

振り返りの視点を設定する

振り返り（自己評価）の視点があらかじめ設定されています。この視点はねらいをふまえて設定するとよいでしょう。

月案・週案を作成するさいのポイント

上位の計画を踏まえて

保育にはさまざまな計画があります。計画間の統一性や一貫性のために、全体的な計画や年間指導計画をふまえて月案を、月案をふまえて週案を作りましょう。

前月（週）までの子どもの姿をふまえて

保育は子どもの姿を起点に考えます。前月（週）までの子どもの姿は、発達段階、興味や関心、他者との関わりなどの視点から捉えて書きましょう。

保育の内容は養護と教育の両面から

保育の内容は養護と教育（５領域）の両方の視点から考えて書きましょう。なお、乳児の場合は５領域ではなく、３つの視点になりますので注意してください。

自己評価の項目は必須

保育は自己評価を重ねることでよくなっていきます。自己評価の項目を作り､月（週）末に記入しましょう。あらかじめ「～したか」「できていたか」のように振り返りの視点を記入しておいてもよいでしょう。

週案　書き方例（P.81）のポイント

POINT 1

月案と週案をセットにする

月案と週案がセットになっているので、月案と週案のつながりが明確になります。月単位の全体像を見ながら、週単位で保育を考えることができます。

POINT 2

子どもの姿から始まり自己評価で終わる

前週までの子どもの姿をふまえて、ねらいや環境構成を考えます。週末には自己評価を行い、次週の保育に改善点を生かしていきます。

５領域とは　子どもの発達を「健康」「人間関係」「環境」「言葉」「表現」の５つに分けたもの。

３つの視点とは　「健やかに伸び伸びと育つ」「身近な人と気持ちが通じ合う」「身近なものと関わり感性が育つ」の３つ。

月案の書き方例

月案（3歳児・4月）

月初めの子どもの姿	・これから始まる園生活を楽しみに登園してくる子どもや、不安や緊張から泣いて登園してくる子どももがいる。 ・好きな玩具や遊具を見つけ、自分から関わり遊び出す子ども、保育者のそばで遊ぶ子どもがいる。	行事	入園式（7日）／始業式（8日）／身体測定（22日）／避難訓練（26日）／誕生会（28日）
月のねらい	○喜んで登園し、保育者に親しみをもつ。 ○新しい環境に興味をもち、安心して過ごす。 ○春の自然に触れることを楽しむ。		
保育の内容（養護・5領域）	・保護者と一緒に喜んで登園する。 ・保育者に保護者と一緒に挨拶する。 ・保育者に手伝ってもらいながら身支度を行おうとする。 ・園生活の流れやリズムを知る。 ・新しい玩具や遊具に自分から関わって遊ぶ。 ・保育者や身近にいる友達と関わろうとする。 ・保育者や一緒にいる友達と遊ぶ。 ・身近な花や虫に触れたり見つけたりする。 ・保育者の絵本や紙芝居の読み聞かせをみる。 ・困っていることを保育者にしぐさや言葉で伝えようとする。 ・保育者やクラスの友達と一緒に手遊びをしたり歌を歌ったりする。		
3歳の終わりまでに育ってほしい姿	・朝の身支度や降園準備に行うこと、園生活の流れがわかるようになる。（健康な心と体、自立心、道徳性・規範意識の芽生え） ・園生活の流れがわかるようになる。（健康な心と体、自立心、道徳性・規範意識の芽生え） ・朝の身支度や降園準備を自分で行おうとするようになる。（自立心） ・保育者や同じ場にいる友達に積極的に関わろうとするようになる。（健康な心と体、協同性、社会生活との関わり） ・保育者に困っていることをしぐさや言葉で伝えようとするようになる（自立心、思考力の芽生え、社会生活との関わり、言葉による伝え合い） ・新しい玩具や遊具、自然物に関わって遊ぶようになる。（健康な心と体、自立心、社会生活との関わり、自然との関わり・生命尊重、豊かな感性と表現） ・保育者の絵本や紙芝居の読み聞かせや手遊び、歌に関心ももって楽しんで参加するようになる。（思考力の芽生え、数量や図形、標識や文字などへの関心・感覚、豊かな感性と表現）		
環境構成	・自分のロッカーや靴入れがわかるように、個人マークをつけておく。 ・身支度、排せつなど園生活の仕方がわかるように絵カードやマークなどで表示しておく。 ・安心して遊び始められるように、遊びかけの玩具を置いたり、家庭で遊んでいる玩具を用意しておく。 ・使いたい玩具が使えるように、玩具を十分に用意しておく。 ・安心して過ごせるように、カーペットを敷いたり、くつろいだりできるスペースを作る。		
保育者の援助と留意点	・安心して登園し保育者に親しみがもてるように、登園時には笑顔で名前を呼んで、挨拶やスキンシップをする。 ・園生活の流れやリズムがわかるように、身支度や排せつなど一つひとつ丁寧に伝えたり、繰り返し一緒に行ったりする。 ・自分のロッカーや靴箱がわかるように、一緒に個人マークを確認する。 ・遊具や玩具が安全に使えるように使い方を伝えたり、一緒に使って遊んだりする。 ・和やかな気持ちで過ごせるように、一緒に園で飼育している小動物を見たり、春の草花に触れたりする。 ・園で保育者や友達と過ごす時間が楽しいと感じられるように、親しみやすい絵本や紙芝居を読む。 ・保育者や友達に親しみがもてるように、パペットを使って話したり、一緒に手遊びをしたり、歌を歌ったりする。		
健康および安全	・体質やアレルギーなど一人ひとりの健康について把握し、職員同士で共有しておく。（健康） ・みんなで食べることが楽しいと感じられるように、昼食開始前におやつを食べたり、昼食では食事の量の調節を柔軟に行ったりする。（食育） ・園庭の遊具の使い方や設備の確認を職員同士で共有しておく。（安全）		
保護者および地域の子育て支援	・子どもの様子を連絡帳や送迎時に伝えたり、家庭での様子を伺ったりして信頼関係を築いていく。 ・安心感が得られるように、また楽しく過ごしている様子がわかるように、クラスだよりやクラス懇談会では、具体的なエピソードで子どもたちの様子を伝える。 ・排泄、着替えの仕方などは保護者とその都度話し合い、個別の配慮を行う。		
振り返り（自己評価）の視点	・喜んで登園し、保育者に親しみをもてたか。 ・新しい環境に興味をもって安心して過ごせるような環境構成の工夫や配慮ができていたか。 ・春の自然と触れ合える機会を設けることができたか。		

出典：執筆者による提供

週案の書き方例

週案（2歳児・6月）

週日	1日～11日	13日～18日	20日～25日	27日～30日
行事		14日（火）身体計測 15日（水）歯科検診 16日（木）誕生会	22日（水）内科検診	27日（月）避難訓練・消火訓練
子どもの姿	・泣いて登園する子もまだいるが、離れると落ち着き、安定して過ごすことができている。 ・着替えやパンツの着脱は自分で履いてみようとする意欲が見られる。前後はまだ確認できないようで、正しい向きで置くと自分で足を入れようとしている。 ・嫌なことは泣くなど態度で知らせる。	・実習生が入るが、不安になる子もおらず、受け入れることができている。 ・遊びがマンネリ化してしまわないように、遊ぶものを変えていくことでよく遊んでいる。	・梅雨期の小動物など実際に見ることで関心が高まっている。 ・少しずつパンツに移行する子が増え、成功したことが喜びや自信につながりつつある。	・外遊びは好きだが、蒸し暑く、すぐに顔が赤くなるなど、長い時間は遊べない。 ・指先を使ってのりづけをしてみるが、ほとんどの子は、興味を示してできている。
週のねらい	・自分の気持ちを表現しながら、安心して生活する。 ・保育者に仲立ちをしてもらいながら、気の合う友達と遊ぶことを楽しむ。	・好きな遊びを見つけ、繰り返し遊ぶことを楽しむ。 ・梅雨期の生きものに興味をもつ。	○梅雨の時期を落ち着いて生活し、衛生に留意しつつ健康に過ごす。	・泥、砂、水などの感触を味わい、そこで生まれる変化を楽しむ。
予想される活動	○保育者に手伝ってもらいながら、身のまわりのことをしようとする。 ・スプーン・フォークを使い、最後まで自分で食べようとする。 ・尿意を伝えたり、保育者に誘われてトイレで排泄したりする。 ・脱いだエプロンや衣服を手伝ってもらいながらたたむ。 ○保育者や他児の話を聞いて反応したり、自分の気持ちを伝えたりする。 ・言葉や態度で知らせる、笑う、泣く、怒る、真似する。 ○好きな遊びを繰り返し遊ぶことを喜ぶ。 ・乗りもの、砂場、車、パズル、他 ○手遊び、歌「歯をみがきましょう」「かたつむり」「ねずみの歯みがき」「かえるのうた」他 ○新聞遊び　丸める、ちぎる、丸めたものを投げる、他	・食器に手を添えて食べる。 ・パンツで過ごすことを喜ぶ。 ・トイレで排泄したことを喜ぶ。 ・衣類の正しい向きを教えてもらいながら、着脱しようとする。 ○ごっこ遊びなどを通して、お互いの動きに刺激を受けながら一緒に遊ぶことを楽しむ。 ・ままごと　・車の道路をつなげる、傾斜をつける ○身近な自然に触れることで梅雨の自然に興味を持つ ・雨、水たまり、カエル、かたつむり　他 ○歯科検診を受ける ○手遊び歌「ねずみの歯みがき」「でんでんでん」「かみなりどん」他	・入室後、排泄後、食事前は石けんで手洗いをする。 ・一緒に言葉で伝えようとする。 ・保育士の仲立ちのもと、友だちの真似をしたり、平行あそびをしたりと、遊びを楽しむ。 ・かたつむりの様子を見る。　食事、フン、歩き方… ○内科検診を受ける。 ○月刊絵本を見る。6月の小動物、シール貼り	○水遊び時の手順を保育士と一緒にし、少しずつ流れを身につけようとする。 ・触った感触を楽しむ　水の冷たさ、泥の感触　他 ○指先を使った遊びをする。 ・のりづけ　・なぞり描き ・ストローおとし　・ひもとおし　他
◇保育者の援助と配慮 ■環境のポイント	■気温が上がるとともに、湿度が多い日が増えるため、室内の湿度調節や換気、除菌を徹底して清潔を保つ。 ◇こまめに水分補給ができるようにしていく。 ■雨の日は滑りやすくなるため、濡れた箇所はすぐに拭く。 ■トイレでは、脱ぎはきしやすいように椅子を置いたり、ペーパーを取りやすいようにしておく。 ◇一人ひとりに応じて見守ったり、援助したりと、できることが少しずつ増えていくように配慮していく。	■パンツへの移行も増えてきたため、表示して保育者同士が誰でもわかりやすくしておく ◇子どもが安心して自分の気持ちを表現できるように、あいづちや声かけで受け止めていく。 ◇自分でやってみようとする姿を認め、できない時はさりげなく配慮し、「自分でできた」という満足感を味わえるようにする。	■湿度が高くなっているため、こまめな水分補給ができるようにする。 ◇一人ひとりの体調の変化を見逃さないようにし、適切に対応していく。 ■小動物は、衛生面に気をつけ、きれいにしておく。 ◇必要に応じてあそびの仲立ちをし、思いきり遊びを楽しめるようにする。	■水遊びに使うタライや玩具を用意しておく。 ■洗い場は清潔にし、体を洗うさいは外から見えるため目隠しのすだれなどをつけておく。 ◇健康チェックカードの確認だけでなく、その時の子どもの状態に合わせて水遊びができるようにしていく。 ◇それぞれの楽しみ方ができるように配慮していく。
子どもの育ち振り返りと自己評価	・8月から実習生が来る。思ったより子どもたちの受け入れはよい。家に帰ってからも、実習生の話をしている子もいるなど関心が高い。 ・遊びを少し変化させていくことで、新しいものにはよく遊びこんでいる。子どもの姿より変化させていきたい。	・歯科検診は1名のみ泣く。数日前から遊びの中で「アーン」と口を開ける練習をしていたのが効果的だった様子。「イー」の口もするように言われたので、次回は「アーン」と「イー」の口を事前にしておきたい。	・梅雨に入るが、雨はまだ少ない。湿度が高く暑い日が続き、外へ出て遊ぶ時間を短くしているが、それでも顔が真っ赤になるほど。水分補給をこまめにして、熱中症には気をつけたい。	・梅雨明けが思いのほか早く、雨もほとんど降っていない。雨の季節にあまり触れることができなかったため、次の機会を大切にしたい。 ・水遊びの準備、片付けの流れは、わかりやすく伝え、一緒にできるようにしていきたい。

出典：執筆者による提供

クラスだより 書き方の基本

クラスだよりの役割

クラスだよりを発行する理由は2つあります。1つは、保護者へクラスの保育方針やふだんの子どもの様子を伝えるためです。クラスの保育方針や子どもがどのように園生活を送っているのかは、なかなか伝わらないものです。これらを保護者へ伝えるためにクラスだよりがあります。

もう1つは、行事や協力事項を伝達するためです。行事がいつ、どのように行われるのか、行事参加時の持ち物や協力事項を伝えるためにもクラスだよりは必要なのです。

クラスだよりの主な内容

- ☑ 活動報告
- ☑ 行事予定
- ☑ 感染症対策などの健康管理
- ☑ 子どもの姿
- ☑ 保育計画
- ☑ 保護者からの意見に対する回答
- ☑ 誕生日を迎える子どもの紹介
- ☑ 新規入職の職員紹介

クラスだより作成時のルール

ルール 1　保護者にクラス内の情報を伝える

保護者がクラスだよりで知りたいことは、何よりも「子どもの成長する姿」です。そのため、具体的な子どもの成長する姿、たとえば遊びや生活で見られる様子やクラス内での人間関係を伝えるとよいでしょう。

ルール 2　時期のテーマにもとづいて書く

入園、進級、運動会といった行事に参加する姿など、時期に応じてテーマを考えましょう。行事だからこそ見せる子どもの成長した姿があります。どこか誇らしげな子どもの姿を上手に伝えるとよいでしょう。

ルール 3　保護者の意見も取り上げる

保護者からの意見も積極的に取り上げましょう。子どもへの接し方や生活のことなど、同じような悩みや疑問をもつ保護者も多くいます。保護者全員に知ってほしい意見は広く取り上げるとよいでしょう。なお、個人を特定できるような内容は避けましょう。

ルール 4　写真を効果的に使用する

子どもの成長する姿を具体的に伝えるためには、写真を使用することも効果的です。昨今、ICT を活用した保育実践の一部として、クラスだよりもアプリで配信する事例が多々あります。アプリで配信すれば、写真はもちろん動画も簡単に配信できます。

ルール 5　集団の育ちを具体的なエピソードで伝える

クラスだよりでは、「クラス（集団）内での」子どもの活動や成長する様子を伝えます。その様子を伝えるためには、具体的なエピソードを交えて書くようにしましょう。たとえば、今、クラスの子どもたちはどのような遊びに興味・関心をもっているか、友達とどのように関わっているかなどです。具体的なエピソードを交えることで、その様子がよく伝わります。

ルール 6　園の目標やクラスの方針を伝える

子どもの成長する姿を伝えることも大切ですが､園やクラスの中でどのような保育・教育目標を立てて取り組んでいるのかも伝えます。子どもの「今」だけではなく、子どもの「これから」も伝えるということです。その中で、目標に向かってどのように成長しているのかを具体的に伝えましょう。

レイアウトの基本

横置きの場合

写真を効果的に使用しよう

子どもの様子を写真で紹介しています。写真を使用することで、保護者へ子どもの成長する姿を効果的に伝えることができます。

遊ぶ姿、遊び方に注目して

写真で取り上げるさいには、子どもがどのような物や遊びに興味・関心をもっているのかに注目しましょう。これらの姿をエピソードとして紹介するのもよいでしょう。

ばらぐみ クラスだより

作成日　2023年7月21日
作成者　○○○○

暑中お見舞い申し上げます

入園、進級してから4か月経ちましたが、ばら組の子どもたちは暑さにも負けず元気いっぱい毎日を過ごしています。友達と一緒に過ごす中で、友達との関わりも増え、友達がしていることを真似てみたり、一緒にしてみようとする姿も見られます。友達がしていることが刺激となっているようで、ズボンを自分で履いてみたり、椅子のかたづけをしたりする姿も見られています。そんな日々の成長を嬉しく感じる今日この頃です。まだまだ暑い日が続きますが、これからも子どもたちが友達や保育者と元気よく楽しんで園生活を送れるように、体調の変化に気をつけたり、環境を整えたりしながら保育していきたいと思います。1学期中はお世話になりました。

出典：認定こども園金生幼稚園、光が丘幼稚園（P.84～P.89。姓名や施設名等を一部改変）

イラストを使用する

季節に合うイラストを使用しましょう。その時期に応じた行事や遊びのイラストを加えることで、クラスだよりに季節感が出ます。

さまざまな場面を取り上げる

遊びの様子だけではなく、食事やかたづけ、着替えなどの様子も取り上げましょう。基本的な生活習慣の形成に関する場面からも子どもの育ちがわかります。

縦置きの場合

挨拶文を記載しよう

クラスだよりの冒頭では、挨拶文を書きましょう。その時期に応じた挨拶文がよいでしょう。挨拶文はクラスだよりのメインではないので簡潔に書くことがコツです。

囲みを効果的に使用する

子どもの様子や連絡事項など、保護者に注目してほしい箇所に囲みを入れることで見やすく、気づきやすくなるような工夫をしましょう。点線、太文字も効果的です。

行事に向かう子どもの姿を書く

行事があるから頑張る子どもの姿があります。行事に向かうまでの子どもの姿、クラスの雰囲気を具体的なエピソードとともに紹介しましょう。

連絡事項は特定の位置に記載する

月の予定や注意事項など、保護者にぜひ確認してほしい項目は毎回同じ位置に記載しましょう。パッと見てわかる、特定の位置に記載することで保護者もすぐに確認できます。

令和４年度 ９月号

きぐみだより

ギラギラと照りつけていた太陽が、秋の優しい日差しへと変わりました。時おり吹くサラッとした空気が園庭で元気に遊ぶ子どもたちの声を遠くまで連れていってくれるようです。しかし、まだまだ寒暖差がある時期ですので、食事と睡眠をしっかりとって２学期も元気にスタートしましょうね。

７月の様子

暑い日が続きましたが、子どもたちは暑さに負けず元気いっぱいに園庭を走ったり水遊びをしたりして楽しみました。プール遊びでは、すべり台をすべったりビート板を使ってバタ足で泳いだり、お友達と水をかけ合ったりして気持ちよさそうに水に親しんでいました。

七夕まつり

七夕まつりをとても楽しみにしながら６月から七夕飾りを一つひとつ丁寧に作ってきました。織姫様と彦星様が会えますように、願いを込めて笹に飾り付けをしました。飾り付けの部分が針金になり難しい所もありましたが、お友だちと協力したり「クルクル回してつけるんだよ」と教えてあげたりする姿も見られました。

９月の活動内容

運動会に向けて

きぐみでは運動会に向けて、サーキット・かけっこ・パラバルーンの練習に取り組みます。かけっこ、サーキットでは一人ひとりの力を十分に発揮できるように、パラバルーンではクラスのお友達と力を合わせて楽しく元気いっぱい演技ができるよう取り組んでいます。

祖父母参観 14 日（火）→ 中止

新型コロナウイルス感染防止のため中止になりました。参観はありませんが、おじい様おばあ様へのプレゼント製作は行います。子どもたちが心を込めて製作するので楽しみにしていてくださいね。

講師の先生による特別指導

体育指導→運動会に向けて、かけっこ、台上前転
英語指導→野菜や果物を英語で言う動作ゲーム、「Yes, I do」「No, don't」
硬筆指導→正しい姿勢、鉛筆の持ち方など
声楽指導→ドレミの体操、目を閉じて音程をよく聞いて歌う
木琴指導→基本打ち（4、2、１つ打ち・和音）
斉奏曲「アマリリス」合奏曲「威風堂々」

今月のおすすめ絵本

『たぬきのおつきみ』（岩崎書店）
『14 ひきのおつきみ』（童心社）

持ち物

木琴、鍵盤ハーモニカ、お道具箱、夏のカレンダーを 9/3（金）までにおもちください。

９月生まれのお友達 おたんじょうび おめでとう！

１くみ	２くみ	３くみ
⑪さとしくん	⑪みくるさん	①こうたろうくん
⑲すずさん	㉖しんじくん	⑯けんくん
㉗おとはさん	㉗ゆうたくん	㉓みいなさん
㉘だいくん		㉗みうさん

クラスだより

実例から書き方を学ぼう

実例①

保護者へ暑中見舞いを伝えている例。子どもの成長する姿をわかりやすく伝えるために写真やエピソードを交えて伝えています。

大人や友達との関わりに注目して

大人の行動を真似したり友達に興味をもちながら好きな遊びしたりする様子を、写真で紹介しています。身近な大人や友達とどのような関わりを深めているのかに注目しています。

興味・関心のある遊びに注目して

プラスチックのコップや綿、水に触れたり、滑り台に登ったりなど、身の回りのさまざまな物に触れ、興味・関心をもっている様子を写真で紹介しています。

みにばら組クラスだより

1学期中は大変お世話になりました。入園当初からいつもニコニコ笑顔で元気いっぱいのみにばら組さん。4ヶ月で歩いたり、お返事をしたり、帽子をかぶったりなどできることもたくさん増えました。感染予防にも気をつけながら、もっと夏らしい遊びもたくさんしていきたいと思います。

写真の補足説明になるエピソードを

子どもの成長する姿を写真で伝えるだけでなく、エピソードを交えて伝えています。歩いたり、返事をしたり、帽子をかぶる様子など具体的な姿として取り上げています。

今後の予定を伝える

時期や子どもの姿を踏まえて、今後どのような活動を計画しているのかを記載しています。暑い時期なので、さまざまな夏の遊びを計画していることを紹介しています。

実例②

子どもたちがどのような絵本に興味・関心をもっているのかを紹介した例。お気に入りの絵本リストや子どもとの関わりを紹介しています。

子どもの表情にも注目

写真で撮影するさいは、子どもたちの表情にも注目し撮影します。夢中になっている姿、熱中する姿を写真で伝えています。

お気に入りの絵本リスト

子どもが興味・関心のある絵本リストを挙げています。その絵本のおすすめポイントも簡潔に紹介しています。

みにばら組絵本だより

絵本が大好きな子ども達は、お気に入りの絵本を繰り返し大人に読んでもらったり、自分でページをめくったり、仕掛けを楽しんだりしています。もちろん読むだけでなく、本棚から全部出してみたり、かじってみたりなど、0歳児ならではのさまざまな関わり方をする姿もあります。絵本を通して、物を大事にすることを伝えていきながら、豊かな感性を育んでいけたらと思います。

お気に入り紹介

ぼうしかぶって

三浦太朗／童心社

大好きな帽子シリーズです。めくる仕掛けや繰り返しの言葉が特に子どもたちのお気に入りです★

しかくでぽこぽこ

かしわらあきお／教育画劇

真ん中に四角い穴の開いた絵本。そこから覗いたり手を入れたりして楽しんでいます♪

おはよう

まついのりこ／偕成社

文字のない絵本です。いろいろな仕掛けがあるので、絵を見て同じしぐさをしたり「おはよう」「おやすみ」でおじぎをしたりしています。

好きな絵本を通して

絵本に関わる子どもの姿を写真で紹介しています。大人に読んでもらったり、自分でページをめくったりという具体的なエピソードを紹介しています。

成長する姿を取り上げて

物を大切にすることを伝えつつ、豊かな感性を育んでいくなど、絵本に関わる姿だけでなく絵本を通して育つ姿も紹介しています。

実例③

入園式の１か月後となる５月のクラスだよりの例。徐々に園生活に慣れる様子や、楽しい行事や活動を取り上げています。保護者が安心感をもてるような内容になっています。

季節のイラストを使って

５月の行事や生活にまつわるイラストを使用しています。春の雰囲気や親しみやすさをもたせています。

入園式から１ヶ月

入園式から１ヶ月経ち、園生活にも少しずつ慣れている様子を冒頭部分で記載しています。裏山で遊ぶ姿などエピソードを交えて紹介しています。

季節の行事も伝える

春の行事として遠足を紹介しています。遠足を通して友達との関わりを深めるなど、行事の意図を紹介するのもよいでしょう。

項目別で子どもの姿を伝える

「生活活動」「基本活動」「自主活動」「課題活動」の項目に分けて子どもの姿を紹介しています。このように項目に分けて子どもの姿を紹介するとわかりやすくなります。

あかぐみだより

2022年度　５月号

入園式から１ヶ月が過ぎようとしています。入園当初は不安や緊張から涙を見せていた子どもたちも、少しずつ園生活に慣れ始め、元気に園庭や裏山で遊ぶ姿が見られるようになってきました。今後も子どもたちが安心して楽しく過ごせるように見守っていきたいと思います。今月も保護者の皆さまのご理解、ご協力のほどよろしくお願いいたします。

４月の様子

生活活動	入園当初に大好きなお家から離れるのが寂しくて泣いていた子ども達は、保育者やお友だちと遊んでいるうちに気持ちが安定してきました。園生活のリズムにも慣れ始め、楽しそうにお歌や朝のご挨拶をしています。また、持ち物の出し入れも自分で頑張る姿が見られました。
基本活動	みんなで「チューリップ」を歌いました。手でお花を表し、曲に合わせて体を揺らしながら楽しく音楽に触れ合うことができました。
自主活動	園庭では、回転塔や砂遊びなど自分の好きな遊びを見つけ、何度も繰り返し遊ぶ姿が見られました。裏山では、虫めがねを片手に虫を探す姿が見られたり、お花を摘んでお母さんにプレゼントすると嬉しそうに話してくれました。
課題活動	幼稚園を探検する園庭めぐりをしました。これからもたくさん遊び、お友達をいっぱい作っていきましょうね。

遠足のお知らせ

５月24日（火）

仲良くなったお友達と初めての園外保育に出かけます。お友達との交流を深めるとともに自然に親しむという目的で「〇〇記念公園」に行きます。体をたくさん動かして遊んだり、お友達と一緒にお弁当を食べたりして、初めての遠足を楽しみたいと思います。

５月の様子

生活活動	排泄や着替えにおいては、自分の力で取り組めるようにボタンの留め方など一つひとつ丁寧に伝えていきます。食事では、お友達や保育者と一緒に食べることの楽しさを味わいながら、食事の仕方を確認し、こぼさず食べられるようにしていきます。
基本活動	５月より５～６人ほどで１つのグループを作り、お当番活動として、お友達の前に立って元気に自己紹介をすることに取り組みます。また、発声練習では、ピアノの音に合わせて気持ちよく声を出したり、楽しく歌をうたっていきます。
自主活動	園庭や裏山の遊具や自然に親しみます。遊びが活発になり、体操服が濡れたり汚れたりするかもしれませんが、自分の好きな遊びを見つけて伸び伸びと楽しく遊んでいく中で、たくさんのお友達を作ってほしいと願っています。
課題活動	折り紙で「こいのぼり」を折ったり、自由画帳にクレパスで好きな絵を描いたりと、楽しいことがたくさんあります。また、木琴に親しみをもち、音を奏でることを楽しめるようにしていきます。

今月の折り紙

５月は「こいのぼり」です。折った「こいのぼり」は保育室の窓に飾り、連絡帳をお渡しするさいにお持ち帰りいただきます。

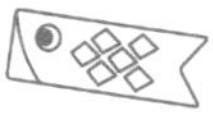

今月のオススメ絵本

・『おばけのバーバパパ』
偕成社

・『どうぞのいす』
ひさかたチャイルド

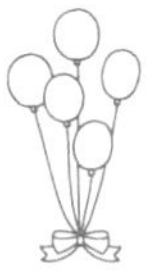

５月うまれのお友達

１くみ	２くみ	３くみ
①まなさん	④えりかさん	③たいちくん
⑩たくくん	⑤いつきくん	⑦えみさん
⑰こうたくん	⑨さくらさん	⑧たいようくん
㉒いおりさん		

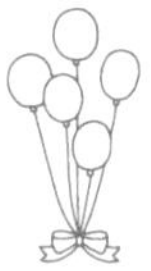

実例④

10月に開催された秋の運動会、園内キャンプが終わり、これらの行事に参加する子どもの姿をメインに取り上げています。11月に行われる作品展についても紹介しています。

子どもの姿を伝える

行事の報告では、行事そのものの内容というよりは、その行事で見られた子どもの頑張りや粘り強く取り組む様子を伝えるとよいでしょう。

保護者へのお礼を伝える

行事の報告の締めくくりは保護者へのお礼を書くとよいでしょう。「ご協力ありがとうございました」「ご支援賜りお礼申しあげます」と締めくくるとよいでしょう。

季節のイラストを使って

11月の行事や生活にまつわるイラストを使用しています。秋の雰囲気や親しみやすさをもたせています。

今月の行事予定を伝える

今月の行事予定である、作品展、小学校見学、花束贈呈などを紹介しています。行事に参加することで子どもがどのように成長するのかも伝えています。

2022年度　11月号

11月 あおぐみだより

園庭のイチョウがうっすらと黄色く染まり、秋が日に日に深まってきました。運動会という大きな行事を見事にやり遂げ一段落した子どもたち。今月は作品展を通して子どもたちの想像の世界を広げ、創作する力、表現する力を伸ばしていきたいと思います。

今月も保護者の皆さまのご理解・ご協力をお願いいたします。

10月の様子

生活活動

朝と昼の気温差があり、暑かったり寒かったりした10月。子どもたちはその時々に応じて長袖を着るか、半袖を着るか、自分で考えて調節している姿が見られました。

基本活動

運動会の歌や、発表会で歌う歌など、いろいろな歌を歌った1ヶ月でした。どの歌も伴奏が始まると「～だ！」とすぐわかってしまう子ども達。「次はこの歌がうたいたい！」とリクエストしてくれる子もいました。トイレでも廊下でもいろいろな歌を口ずさんでいる姿が見られました。

自主活動

玉入れやリレーなどの運動会遊びや、鬼ごっこやサッカーなどの集団遊びを楽しむ姿が見られました。運動会で競争心も培われ、「がんばれ!!」と友達を応援し、勝利したときはいつも以上に仲間と喜び合う嬉しそうな姿も見られました。

秋の運動会

今年はお天気が不安定で、当日まで予定通り開催できるか心配していましたが、無事に運動会を迎えることができました。5月から取り組んできたマーチングでは、さすがあおぐみさん!!　本番の集中力とみんなの大きなパワーで力強く立派に発表することができました。今までにない子どもたちの真剣な表情に私たちも胸が熱くなりました。

サーキットでは今までの積み重ねを十分に発揮し自分の目標とする跳び箱に向かって真剣に走っていく姿、リレーではクラスのバトンをつなぐため力いっぱい走る姿がとてもかっこよく頼もしく感じられました。

またお友達を応援するクラスの団結力に大きな成長も感じました。

たくさんの感動があり大きな達成感を得た運動会となりました。子どもたちにとっても心に残るステキな運動会になったと思います。今回の経験を自信につなげていってくれることを願っています。温かいご声援ご協力をありがとうございました。

11月の予定

11月19日（金）作品展・参観

あおぐみでは人形劇を発表します。各クラスそれぞれの素材でどのようなお話にしようか、どのような人形を作ろうかと話し合いながら取り組んできました。身近にある素材が子どもたちの手によって生まれ変わります。そして人形劇を通して表現力も養われてきました。どうぞお楽しみに!!

当日は8時40分～登園、9時00分～10時00分参観、10時00分～10時20分降園です。参観の中で各クラス人形劇を行います。詳細は後日配布予定の参観のしおりをご覧下さい。

11月18日（木）「ぼくたちわたしたちの作品展」では、各保育室にあかぐみさんきぐみさんに来ていただき人形劇を発表します!!

1組→11ぴきのねこ
2組→ともだちほしいな おおかみくん
3組→そらまめくんのベッド

作品展に向けてたくさんの廃材をもってきていただきありがとうございました。人形も子どもたちのアイディアで完成に近づいてきました。御礼申し上げます。

11月10日（水）もうすぐ1年生　小学校探検

○○小学校へ行き、小学校の中を案内していただきます。優しいお兄さんお姉さんと接し小学校に行くことを楽しみにできる1日となるでしょう。

11月22日（月）花束贈呈

○○町役場、○○警察署、○○町消防本部へ分かれて訪問します。働いている方に喜んでいただけるよう、感謝の気持ちを込めて手作りカードと花束をプレゼントします。なお、この日は通常通り給食です。

今月のおすすめ絵本

・『きみがしらないひみつの三人』徳間書店　・『ハリネズミと金貨』偕成社

11月うまれのお友達

1くみ	2くみ	3くみ
①くみ	③みきさん	⑩ともゆきくん
⑯あみさん	㉒らんさん	⑬ゆうさん
⑳かりんさん		⑯かいとくん
㉗こうだいくん		㉔さらさん
		㉗けんたろうくん

そのまま使えるシーン別文例集

活動

活動の日程や内容などの詳細情報を記載しましょう。また、持ち物や保護者へのお願いがあれば記載しましょう。

秋の交通安全運動

9月21日～30日までは、秋の交通安全運動の期間です。園では、交通安全紙芝居やビデオ、担任からの話を通して、交通安全指導を行います。ご家庭でも、道の歩き方、横断歩道の渡り方、自転車の乗り方、車の乗降の仕方など、話し合いの機会を作っていただければと思います。

園内子どもの日

元気で丈夫な子どもに育つように、立派に育っていくように願う日が子どもの日です。本園では4月27日に園内子どもの日として活動します。この日は、柏餅を食べたり鯉のぼりを作ったりと、子どもたちが楽しめるよう計画しています。作った鯉のぼりは、各クラスに飾りますので、ぜひご覧ください。

プール開き

6月16日より、お天気のよい日にはプールや水遊びを行います。子どもたちは水に触れる心地よさを感じながら、暑さを忘れ、元気な声を園庭に響かせています。また、暑さ対策として、水分補給をこまめにしたり、温度や湿度の調節に気を配ったりと快適に過ごせるように配慮します。

秋の遠足

9月26日より、年中組のみんなで○○公園へ遠足に行きます。秋の自然に親しみ、外に出て、たくさん体を動かして遊ぶ機会となります。季節の変化に関心をもつとともに、秋の実りの喜びを感じてほしいと思っています。

イベント

イベント開催に至るまでの具体的な子どもの姿を記載しましょう。また、保護者へのお願いがあれば記載しましょう。

父親参観

父の日にちなみ保育参観を行います。入園・進級して2か月たった子どもたちの様子をご覧いただき、みんなで成長を喜び合う日にしたいと考えております。また、親子でいろいろな活動をし、楽しいひとときとなるよう計画をしていますのでご出席をお願いいたします。

秋季運動会

10月16日より、○○小学校をお借りし、運動会を開催します。今年度は新型コロナウイルス感染症拡大防止のため、学年ごとの開催となります。子どもたちは運動会に向けて毎日、演技やかけっこの練習、サーキットの練習などに励んでいます。ぜひとも応援していただければと思います。

クリスマス会

12月13日に、多目的ホールにて楽しいクリスマス会を行います。もしかしたら、サンタクロースが来るかもしれませんね！　この日は、園からのプレゼントを持ち帰ります。ご家庭でも楽しんでいただければと思います。

作品展

芸術の秋ということで、11月19日に作品展を開催します。この日は絵画・クラスでの共同製作を展示します。子どもたちの力作を、どうぞご覧ください。作品展では、「ここがすごくいいね！」などお子様との会話を楽しみながらご覧いただければと思います。

発表会

2月11日に発表会を開催します。発表会に向けて、劇や合奏、歌、司会など自分たちの役を懸命に毎日練習しています。特に合奏や劇は、「上手に弾けるかな？」「発表するのが楽しみ！」などの声が聞こえてきます。ぜひご家庭でも励ましや応援の言葉をたくさんかけてあげてくださいね。

お花祭り

園内ホールでお花祭りを開催します。お花祭りは、お釈迦様が生まれた日をお祝いする日です。お釈迦様が生誕されたルンビニーの花園の様子を表している花御堂の中の誕生仏に、献花をし、甘茶をかけてお祝いし、園長先生のお話を聞きます。この日は献花用の花1輪をおもちください。

クラスの様子

子どもがどのようなことに興味・関心をもっているのか、どのように成長しているのかを保護者がわかるように具体的に書きましょう。

入園式から１ヶ月

緊張の面持ちで過ごしていた新入園児も、たくさんのお友達や先生に次第に慣れ、明るい笑顔が見られるようになりました。最近は、砂場がお気に入りのようで、砂に触れたり、水を入れたりして、砂や泥の感触や変化を味わっています。

積木遊びがブーム

梅雨入りを迎え、「積み木遊び」がブームとなっています。特に積み木を高く積み上げる遊びが流行っています。「僕よりも高く積み上げたい」「どうすれば高く積めるだろう」などと高く積み上げるために、想像力や思考力を働かせながら、お友達と協力する姿が見られます。

水遊びが大好き

本格的な夏を前に、気温や湿度が高くなってきました。最近は、どろんこ遊び、水鉄砲や砂場での水遊びなどがブームとなっています。子どもたちは「冷たくて気持ちいい」と水に触れる心地よさを感じながら、暑さを忘れ、明るい声を園庭に響かせています。

絵本を通して

絵本が大好きな子どもたちは、お気に入りの絵本を繰り返し大人に読んでもらったり、自分でページをめくったり、仕掛けを楽しんだりしています。もちろん読むだけでなく、本棚から全部出してみたり、かじってみたりなど、０歳児ならではのさまざまな関わり方をする姿がありました。

イヤイヤ期

最近は、保育者が何か手伝おうとすると「イヤ」「自分でやる」とはっきりと意思表示をするようになってきています。自分でやってみたいという意欲が育ってきています。このように成長・発達している姿を温かく見守っていただきたいと思います。

食事場面

５月になり、子どもたちはスプーンやフォークを使い、上手に食事をとる様子が見られます。自ら食べようとする意欲が芽生えてきているようです。今後も食べようとする意欲を引き出し、楽しい雰囲気の中で食事ができるように心掛けていきます。

友達同士の交流

友達との関わりを通して、成長する姿を具体的に書きましょう。保育者の援助や関わりのポイントも取り上げましょう。

真似っこ

最近、保育者やお友達のしていることを見て、真似たりして遊ぶ姿があります。他者のしていることを真似することでさまざまなことを学んでいきます。この大切な時期のお友達との関わりに注目していきます。

やってみよう！

自分でやってみようとする気持ちが芽生えています。「これ」「あれ」と言葉で伝えたり、指差しで伝えたりします。自分でできたことに対する自信や、挑戦しようとする気持ちを大切にしたいと思います。

友達とのトラブル

園生活にも慣れ、クラス内の友達と一緒に遊ぶ姿が増えてきました。ときには、言葉でうまく伝えられずにお友達とトラブルになることもありますが、徐々に「一緒に遊ぼう」などの言葉を知り、使うことができるようになります。このような姿を温かく見守りたいと思います。

新入園の頃

新たに集団生活を始める３歳児さんは、朝登園を嫌がる姿が見られることもあります。保育者や友達との信頼関係ができてきて、園生活の様子がわかってくると次第に落ち着きます。子どもたちの気持ちを汲み取りながら、長い目で様子を見守っていただければと思います。

友達と協力して

今、積み木遊びが流行しています。「どうすれば高く積み上げることができるだろう」とお友達と協力しながら、一生懸命に積み上げようとしています。それぞれが役割をもって、「積み木を高く積み上げる」という同じ目的に向かって遊びを続ける姿が見られます。

一緒に遊ぶ

園生活にも慣れ、好きな遊びを見つけお友達と積極的に関わる姿が見られます。「一緒にやってくれる？」とお友達に思いを伝えたり、イメージを伝え合ったりしながら遊びを進めています。遊びを通して、お友達と遊ぶ楽しさを味わっているようです。

健康管理

時期に合わせた健康面の配慮事項について記載しましょう。また、保護者への連絡事項やお願いについてもあわせて記載しましょう。

水分補給について

本格的な夏を前に、急に気温や湿度が高くなってきました。園では熱中症予防の観点からも十分な水分補給の時間をとっていきたいと思います。園ではお茶を常時用意していますが、水筒に飲み物を入れておもちくださってもかまいません。

熱中症について

幼児は大人よりも体温が高く、熱中症のリスクが高まります。そのため、こまめな水分補給をしたり、外出するさいには健康面や安全面に十分に気を配っていただければと思います。また園でも着替える機会が増えますので、衣服の替えのご準備をお願いします。

お休みについて

幼稚園では夏休みが始まります。長期の休みの間は生活リズムが崩れることがあります。普段通りの時間に起きることや十分な睡眠時間を確保し、同じ時間帯に食事をとるなど、健康的な生活を送るように心がけてくださいませ。

予防接種について

予防接種は、お子様の健康のためにも重要なものとなりますので、早めに受けるように心がけてください。園は集団生活を過ごす場所であり、さまざまな感染症拡大を防ぐためにも予防接種は重要なものとなります。ご協力のほどよろしくお願いいたします。

防寒着の準備

寒さがますます厳しくなり、登園時は特に気温が低くなります。園外保育など戸外へ出て遊ぶことが多々ありますので、防寒着のご準備をお願いいたします。防寒着は、紛失・取違え防止のためお名前の記入をお願いいたします。

歯科検診

6月2日は歯科検診でした。大きな口を開けて歯医者さんにみていただき、「ありがとうございます」とお礼を言う子どもたちの姿がありました。結果は連絡帳にてお知らせいたしますので、虫歯などがある場合はなるべく早くに治療をお願いいたします。

※ここで紹介する感染症に関する症状、特徴、対策などはあくまで例文です。感染症対策に関する文書は、医療機関や園の方針にしたがって作成してください。

感染症

園での具体的な感染症対策について記載しましょう。また、保護者へのお願いや連絡事項があればあわせて記載しましょう。

新型コロナウイルス

県内で新型コロナウイルスが流行しております。感染拡大防止のため、登園前に必ず検温していただき、体温チェック表への記入も忘れずにお願いいたします。また紛失防止のため、マスクには必ず名前をご記入ください。

インフルエンザ

インフルエンザが流行する時期となりました。当園ではインフルエンザ予防のため、換気、子どもたちや職員の手洗い・うがいを行います。ご家庭でも、インフルエンザ予防のため、手洗い・うがいを心がけてください。

風邪

寒さが増し、風邪が流行する時期となりました。当園では、登園時や外遊びのさいには、手洗い・うがいをしっかり行っております。ご家庭に帰ったさいにも、手洗い・うがいを忘れずに行い、風邪を予防していただければと思います。

手足口病

暑い季節となり、手足口病が流行する時期となりました。手足口病は、飛沫、接触にて感染します。当園では、感染対策のため、手洗い・うがいや手指消毒をいたします。また、便でもウイルスが排出されるため、おむつ交換後にも手洗いや手指消毒を行います。

水疱瘡

水疱瘡は、冬から春にかけて流行する傾向があります。水疱瘡は非常に感染力が強いため、発生した場合、園の掲示板にて報告させていただきますのでご確認をお願いいたします。また、水疱瘡は予防接種が有効とされていますので受けていただければと思います。

ノロウイルス

冬季となり、ノロウイルス感染症が流行する時期となりました。当園ではトイレの便座、テーブル、机、椅子の定期的な消毒を行います。ご家庭でも、感染症予防のため、手洗い・うがいを引き続き心がけてくださいますようお願い申し上げます。

お知らせ

イベントや活動に必要な持ち物・日程などを伝えましょう。また、保護者へのお願いがあれば具体的に記載しましょう。

健康診断について

5月、6月に行われました健康診断（内科検診、歯科検診、検尿、視力）について、「おたよりちょう」にて結果をお知らせします。ご確認いただき、異常があった方は病院を受診し、結果を担任にお伝えくださいますようお願いします。

交通安全運動

9月21日～30日まで、交通安全紙芝居やビデオ、担任からの話を通して交通安全指導を行います。ご家庭でも、道の歩き方、横断歩道の渡り方、自転車の乗り方、車の乗降の仕方について話し合いの機会を作っていただければと思います。

保育発表会

劇遊びで使う各役の衣装は園で用意したものを着用していただきますが、枚数不足、サイズが合わないなどの場合は製作、寸法直しを毎年お願いしています。詳細は保育参観日や個別面談にてクラス担任よりお知らせいたします。ご協力をお願いいたします。

保護者面談

保護者様と担任による保護者面談を行います。20分という短い時間ではありますが、保護者様と担任の相互理解を深め、園やお子様に関する情報交換の場となればと思います。お忙しいとは存じますが、どうぞお越しください。

水遊びについて

水鉄砲作りを計画しています。液体台所洗剤の容器（600mlもしくは300ml）1個の本体とキャップにお名前をご記入いただき、園までおもちください。また、爪の長さや耳垢のご確認もお願いいたします。

作品展について

11月の作品展の製作に使用する牛乳パックや包装紙などを夏休み中から集めてくださいますよう、ご協力をお願いいたします。園におもちいただくのは10月頃で結構です。11月の作品展では、子どもたちの作品が出来上がるのが楽しみですね。

入園・進級・卒園

保護者への感謝の言葉を伝え、ご協力やご支援のお願いを記載しましょう。保育方針や目標を伝えるのもよいでしょう。

入園①

ご入園おめでとうございます。これから1年間、子どもたちが楽しく充実した園生活を送ることができるよう精一杯頑張っていきたいと思います。初めての園生活、これから数えきれないほどの楽しみや発見に出会うことでしょう。1年間、どうぞよろしくお願いいたします。

入園②

お子様のご入園おめでとうございます。晴れやかな子どもたちの笑顔あふれる新年度の始まりです。今年度も保護者の皆様のご協力を得ながら、子ども達の成長に心を込めて関わってまいります。1年間ご支援・ご協力のほどよろしくお願いいたします。

進級①

ご進級おめでとうございます。子どもたちも新しいお友達との出会いに期待を膨らませていることでしょう。子どもたちが心身ともに健やかに成長していけるよう、保護者の皆様のお力を借りつつ頑張ってまいります。

進級②

ご進級おめでとうございます。満開の桜の中を新しい制服で登園してくる姿を見ながら、本園の目標である「いきいきとした人間性豊かな子ども」を目指して保育にあたりたいと決意しております。今年度も保護者の皆様のご支援、ご協力のほどお願いいたします。

卒園①

ご卒園おめでとうございます。お子様の成長を近くで見守ることができたことを心より感謝しております。卒園後も大きく羽ばたいてくれることを祈っております。保護者の皆様に支えられてこの日を迎えることができました。ありがとうございました。

卒園②

ご卒園おめでとうございます。たくましく成長した年長児の卒業となりました。今後のさらなる成長を願い、送り出したいと思います。最後になりますが、保護者の皆様に支えられてこの日を迎えることができましたことをお礼申し上げます。

クラスだより

そのまま使える季節の挨拶文例集

4～6月

時期の行事や天候を取り入れた挨拶文を記載しましょう。この時期は、入園式や入園後の子どもの姿を取り上げましょう。

4月

ご入園・ご進級おめでとうございます。子ども達の笑顔あふれる新年度の始まりです。新入園児は、○名でスタートしました。今年度も引き続き、保護者の皆様のご支援をお願い申し上げます。

4月

ご入園・ご進級おめでとうございます。新年度が始まりました。これから１年間、子どもたちが充実した園生活ができるよう頑張っていきます。どうぞよろしくお願い致します。

5月

すがすがしさを感じる季節となりました。進級した子どもたちはきりん組になった喜びを感じながら元気に過ごし、年下の子にも優しく接しています。子どもたちの体調を整えながらさまざまな活動に取り組んでいきます。

5月

鮮やかな緑が萌え始め、子どもたちの作った鯉のぼりが風に吹かれて気持ちよさそうに泳いでいます。クラスにも慣れ、お友達とさまざまな活動に取り組む姿が見られます。一方で新学期の疲れも出やすい時期ですので、体調管理には十分に気をつけてまいります。

6月

梅雨の時期が近づいてきました。雨の日は、カタツムリやカエルのような季節の動植物に触れて楽しんでいます。これから不順な天候が続きますが、保育環境を整えて気持ちよく梅雨の季節を過ごせるようにしていきたいと思います。

6月

雨が多い季節ですが、園では長靴を履くことが楽しい子どもたち。雨の日ならではの体験を楽しんでいます。不安定な天気が続きますが、健康管理、安全面や衛生面には気をつけていきたいと思います。今月も皆様のご理解・ご協力のほどお願いいたします。

7～9月

この時期は、子どもの夏秋の季節の中で遊ぶ姿を取り上げましょう。

7月

梅雨の晴れ間に見える強い日差し。本格的な夏を前に、急に気温や湿度が高くなってきました。泥んこ遊びやシャボン玉、水鉄砲など水に触れる心地よさを感じながら遊ぶ子どもたちの明るい声が園庭に響き渡っています。

7月

夏本番の暑さになってきました。子どもたちは暑くても外で遊ぶことを楽しみ、汗をかきながら活発に遊びを広げています。1学期の締めくくりとなる7月。さまざまな行事を通して、有意義な日々を過ごせるように努めていきます。どうぞよろしくお願いいたします。

8月

本格的な暑さとなり、みんなで植えたヒマワリも太陽の光をたくさん浴びて大きく成長してきました。これから長い夏休みに入りますが、園ではできない経験をして、さらに成長した子どもたちに会えることを楽しみにしています。この特集号を暑中見舞いと代えさせていただきます。

8月

蒸し暑い日が続いていますが、子どもたちは汗をいっぱいかきながらもいろいろな遊びを夢中で楽しんでいます。水分補給を十分に行う、エアコンを利用するなどしながら、子どもたちの健康を守っていきたいと思います。

9月

ギラリと照りつけていた日差しから、秋の優しい日差しへと変わりました。時折吹くサラッとした空気が園庭で元気に遊ぶ子どもたちの声を遠くまで連れていってくれるようです。とはいっても、まだ寒暖差がある時期ですので食事と睡眠をしっかりとって体調管理をし、2学期も元気にスタートしましょう。

9月

残暑が厳しく、まだまだ暑い日が続いています。夏休みでは夏ならではの経験をし、たくさんの思い出ができたことでしょう。9月は、運動会に向けて存分に身体を動かします。ポンポンや運動を楽しみ、充実した園生活を送っていきたいと思います。

※季節の挨拶は「今月も（引き続き）保護者の皆様のご協力をお願い申し上げます」などの一文で締めくくるとよいでしょう。なお、P.98～101では一部締めくくりの一文を省略しています。

10～12月

この時期は、運動会やクリスマスの行事を取り上げましょう。

10月

庭の木々が少しずつ秋の色に変わり、心地よい風が吹き始めました。子どもたちは運動会に向けて一生懸命練習に取り組んでいます。友達と心をひとつにし、最後までやり抜く力を大切に、素敵な運動会にしたいと思います。

10月

秋の日差しが、とても心地よい季節となってきました。運動会も近づき、子どもたちは運動会の日を心待ちにし、練習にも力が入ってきました。体調管理に気をつけながら体を動かすことの楽しさや、みんなでやり遂げる喜びを味わいたいと思います。

11月

秋も一段と深まり、朝夕の寒さが身に染みる時節となりました。今月は作品展が開催されます。作品作りを通して自分の気持ちを互いに伝え合ったり、友達との関わりが楽しいと感じられたりするように取り組んでいきたいと思います。

11月

園庭のイチョウがうっすらと黄色く染まり、秋が日に日に深まってきました。運動会という大きな行事を見事にやり遂げ自信をつけ、成長した子どもたち。今月は、作品展を通して子どもたちの創造性や表現力を伸ばしていきたいと思います。

12月

園庭のイチョウの葉が黄色に染まり、冬の足音が近づいてきました。園庭で友達と元気よく遊ぶ子どもたちの姿が見られます。クリスマスやお正月も楽しみにしているようです。その様子を温かく見守っていきたいと思います。今月もご理解、ご協力を賜れますようお願いいたします。

12月

昼夜の寒暖の差がだんだんと大きくなり、少しずつ冬の訪れを感じる頃となりました。早いもので今年もあとひと月となりました。2学期のまとめの月として充実した保育ができるように、子どもたちと楽しく元気に過ごしたいと思います。

1 ～ 3 月

この時期は、新年度の始まり、進級、卒園について取り上げましょう。

1月

新年あけましておめでとうございます。子どもたちの元気な声やあいさつと共に新しい年がスタートしました。きりん組も残りわずかになりました。たくさんの経験を積み重ね、ワクワクドキドキの毎日を過ごしていきます。本年もご協力を賜りますようどうぞよろしくお願いいたします。

1月

新年あけましておめでとうございます。子どもたちの「あけましておめでとうございます！」の元気なあいさつと笑顔で賑やかな園生活がスタートしました。きりん組で過ごすのもあと数ヶ月となりましたが、楽しい日々を過ごしていきたいと思います。

2月

子どもたちは寒さに負けることなく元気いっぱい遊んでいます。今月は保育発表会を通して自分の力を精一杯発揮する経験をし、成長と自信につながればと思います。今月も保護者の皆様のご理解、ご協力のほどどうぞよろしくお願い申し上げます。

2月

寒さに負けず、子どもたちは元気に園庭を走り回って遊んでいます。今月は保育発表会という大きな行事があります。劇遊びや木琴に取り組みながら楽しんで準備しています。今月も保護者の皆様のご理解、ご協力のほどよろしくお願い申し上げます。

3月

１年の締めくくりの３月となりました。子どもたちは、「もうすぐぞう組さんになるんだ」と進級を心待ちにしています。きりん組最後の１か月。１日１日を大切に過ごし、たくさんの思い出をもって進級できるように子どもたちを支えていきたいと思います。

3月

寒さの中にも少しずつ春の暖かい日差しが感じられるようになってきました。いよいよ保育園生活の最後の月を迎え、子どもたちは小学校への期待を胸に残り少ない園生活を楽しんでいます。１日１日を大切にしながら、子どもたちと素敵な思い出を作っていきたいと思います。

メール

書き方の基本

メールはとにかく丁寧に

口頭で言われれば何ということもないことが、メールで読むととても冷たく、非礼に感じることがあります。メールを使うさいはとにかく丁寧に書くことが大事です。

✕ NG例

【ばら組】明日の運動会の中止のご連絡

2023/9/13

明日は運動会開催の予定でしたが、台風接近のため中止とします。
別日程での開催はいたしませんので、ご了承ください。

よろしくお願いいたします。

▼

運動会を楽しみにしていた人の気持ちを考えると、とても冷たい感じがします。

○ OK例

【ばら組】明日の運動会の中止のご連絡

2023/9/13

明日は運動会開催の予定でしたが、台風接近のため中止とさせていただきます。
また、別日程での開催は予定されておりませんが、お子様や保護者の方が楽しい思い出を作れるような機会を検討していきます。

よろしくお願いいたします。

▼

読み手である保護者の気持ちに寄り添った書き方になっています。

メールのメリット

メールは、電話や口頭で伝えるさいにはないメリットがあります。保護者にとっては、いつでもどこでも自分の都合でメールを読むことができます。保育者にとっては、コピー＆ペーストや一斉送信ができるので、文章を書いたり送信したりする負担が減ります。

メールのメリットは？

保護者

- ○仕事中でも自分の都合のよいときに読める
- ○履歴が残るので、いつでも、どこでも確認できる

保育者

- ○手書きより早く書けて、コピー＆ペーストや一斉送信もできる
- ○口頭で話すより、複雑な内容を正確に伝えやすい

急ぎの要件では使わない

子どもが怪我をした、発熱した、といった緊急の要件を保護者に伝えるさいは、メールではなく電話を使いましょう。メールはいつ保護者がチェックするかわからないため、緊急の要件を伝えるさいには不適切だからです。

こんなときはメールが便利

- ☑ 運動会や発表会の中止や延期の通知
- ☑ 不審者情報や災害に対する注意喚起の通知
- ☑ 子育てのヒントなどの有益な情報の提供
- ☑ 年末年始などの定型的な挨拶の送付
- ☑ 持ち物や提出物のリマインド
- ☑ 新入職員や実習生の紹介

箇条書きをうまく使う

メールを書くさいは、箇条書きを上手に使いましょう。箇条書きにすると、保護者は内容を理解しやすくなります。保育者も書き忘れ（漏れ）がないか確認しやすくなります。内容に順番があるものを並べるときは「1」「2」「3」、順番がないものは「・」や「●」を使うとよいでしょう。

箇条書きにすると保護者も理解しやすくなるので、誤解や勘違いを減らすことができます

持ち物に関するお願いの例

【リマインド】明日（5/12）の遠足の持ち物について

2023/5/11

すでにお伝えしていますように、明日5月12日（金）は○○公園まで遠足に行きます。いまのところ天気もよい予報で絶好の遠足日和になりそうです。

遠足の持ち物について再度ご確認くださいますようお願いいたします。

●持ち物
・お弁当と水筒
・ハンカチやタオル
・マスク

お手数をおかけしますが、よろしくお願いいたします。

○○保育園ぞう組担任　××

メール

そのまま使える文例集

全体の構成

メールは、宛先、挨拶、要点、詳細、結びの言葉、差出人名で構成します。詳細のあとに保護者に期待する行動を書くこともあります。

内容がわかるタイトルを

メールの内容がわかるタイトルをつけます。「お知らせ」「ご案内」のようなタイトルではなく、具体的に何の連絡かがわかるように書きましょう。

要点を最初に、簡潔に！

このメールは何を伝えたいものかを最初にはっきりさせます。「本日は……お送りいたします」のように、決まったかたちを作っておくと便利です。

日時が大事

メールを送るさいにうっかり忘れてしまいがちなのが日時です。いつ実施されるのか、いつまでに回答してほしいのかを、忘れずに書くようにしましょう。

ポイントは目立たせる！

保護者にしてほしいことは段落を分けて書くとはっきり伝わります。また、【　】や下線を使うことで重要なポイントを目立たせるとよいでしょう。

保護者様の参加可能！公開保育のお知らせ

2023/9/13

保護者のみなさまへ

いつも当園にご協力いただきありがとうございます。

本日は保護者様も参加可能な公開保育のお知らせをお送りいたします。

2023年11月2日（木）、8:30-14:00の間で、全クラスで公開保育を実施いたします。保育やお子様の日頃の様子を保育室の内外からご自由に見学できます。お子様のクラス以外の見学も可能です。

参加をご希望される場合は、10月4日（水）17時までに、以下のアドレスにアクセスし、必要な情報を記入してください。

【参加希望の場合は以下へアクセス】
https://××××hoikuen.co.jp/××××/

みなさまのご参加をお待ちしております。どうぞよろしくお願いいたします。

○○保育園園長　××××

園の見学

園見学のお問い合わせをありがとうございます。園見学は随時実施しておりますので、ご都合のよい時間に来園してください。来園の前には、当園に電話連絡（xx-xxxx-xxxx）をしていただけますと幸いです。それでは、園でお会いできることを楽しみにしております。

ワンポイント

結論を最初に、簡潔に伝えることが大事です。また、メールの読み手にしてほしいことがはっきりとわかるように書くことも重要です。

入園

このたびはご入園まことにおめでとうございます。これから3年間のお子様の園生活が充実した時間になるように、職員一丸となって取り組んでまいります。簡単なご挨拶ではありますが、どうぞこれからよろしくお願いいたします。

ワンポイント

入園の祝意を示すメールは簡潔に書きます。淡泊さや冷たさを感じさせないように、「簡単なご挨拶ではありますが」と入れるとよいでしょう。

進級

年長クラスへの進級おめでとうございます。入園以来、いろいろなことに挑戦して、どんどん成長していく姿を見てきました。年長クラスでも、たくさんのことを経験して、大きく健やかに育っていくことでしょう。私たちもしっかりサポートしていきます。

ワンポイント

個別にメールを送信する場合は、その子が具体的にどのようなことに挑戦したのかまで書くと、保護者も嬉しく感じるでしょう。

卒園

ご卒園おめでとうございます。今日という日は、お子様の頑張りはもちろん、保護者様やご家庭のご協力があったために迎えることができたと存じます。これまでのご協力に深謝申し上げます。卒園後も当園がお役に立てることがあれば、いつでもご連絡ください。

ワンポイント

これまでの保護者の協力に謝意を伝えつつ、卒園後もいつでも相談に応じる姿勢を示すと好印象で温かみのある内容になります。

※掲載している文例では、冒頭の挨拶文、結びの言葉、差出人の名前は省略しています。

保護者会

本日は保護者会のご案内をお送りいたします。

【第２回保護者会】
日時：5月14日（土）　10時から
場所：○○保育園ぞう組の保育室
内容：夏以降のクラス目標、お子様の様子の報告、保護者間交流、等
持ち物：特になし

参加をご希望の場合はクラス担任にお伝えください。

ワンポイント

日時や場所のような重要な情報は、パッと見てわかるようにすることが大事です。ここでは【　】をつけ、他の文章から切り離して書いてあります。

参観日

本日は保育参観日のご案内をお送りいたします。

【保育参観日のご案内】
日時：5月13日（金）　8時から14時
場所：○○保育園の全クラス
持ち物：特になし
留意点：写真・動画の撮影はご遠慮ください。

参加をご希望の場合は、上記の日時にご自由にお越しくださいませ。

ワンポイント

保護者が園の様子を見学するさいは、写真・動画の撮影が可能か否かをあらかじめ伝えておくとよいでしょう。

イベント

明日の運動会についてリマインドメールをお送りいたします。ご確認くださいませ。

【運動会】
日時：10月8日（土）　9時から12時
場所：○○保育園の園庭
プログラム：添付ファイル
持ち物：お弁当や飲み物
留意点：保護者様も参加する競技がありますので動きやすい服装でご参加ください。
欠席の連絡：xx-xxxx-xxxx

ワンポイント

メールで詳細を長々と書くと読みにくくなります。運動会のプログラムのような詳細は添付ファイルにして、本文には書かないようにしましょう。

イベント

明日の遠足について再度ご連絡いたします。以下の持ち物リストをご確認のうえご持参ください。

【遠足の持ち物】
・お弁当と水筒
・ハンカチやタオル
・帽子
・履きなれた靴
　＊お子様の足にあった靴をご用意ください。

ご不明な点がございましたらクラス担任までお問い合わせください。

ワンポイント

箇条書きにすることでチェックリストのようになります。特に重要な部分は下線を引くことで、保護者の注意を引き付けるようにしましょう。

延期のお知らせ

本日予定していました遠足は、今朝からの悪天候のため延期することにいたしました。
延期となりました遠足は１週間後の６月１日（水）に実施いたします。なお、集合時間、持ち物、服装に変更はありません。

ワンポイント

延期の場合は、次はいつ実施するのかを書くようにします。決まっていない場合は、「日時が決まり次第ご連絡いたします」と書きましょう。

中止のお知らせ

本日開催予定でした運動会は、台風接近による暴風雨のため中止となりました。お子様も保護者様も、私たちも楽しみにしていましたが、みなさまの安全を第一に考えてやむを得ず中止といたしました。なお、別日の開催は予定しておりませんので、ご了承いただきますようお願い申し上げます。

ワンポイント

中止を知らせるだけではなく、なぜ中止にしたのかという理由を添えるとよいでしょう。そのさい、保護者の気持ちや立場を考慮して書くとよいでしょう。

感染症

PCR 検査についてご連絡いたします。お子様や保護者様が PCR 検査を受けられるさいは、その旨と結果を園にご連絡くださいますようお願いいたします。なお、検査結果が陰性であっても必ず園にご連絡ください。

ワンポイント

要件（PCR 検査）と伝えたいこと（結果を園に連絡をする）が簡潔に書かれています。そのあとで補足情報（陰性の場合）が書かれているので読みやすくなっています。

感染症

コロナウイルス感染症拡大防止のため以下のご協力をお願いいたします。

・登園前にお子様と保護者様の体温測定を実施してください。
　→ 37.5 度以上ある場合は登園できません。
　→体温が正常であってもお子様の体調がすぐれない場合は、ご自宅で静養してください。

ワンポイント

保護者に期待する行動を「→」を使ってわかりやすく説明しています。「・」と「→」をうまく組み合わせて、メールの内容をわかりやすくしましょう。

避難訓練

明日は調理室が火元の火災を想定した避難訓練を実施いたします。今回は、園近くの小学校の校庭に避難する練習をいたします。動きやすい服装、履きなれた靴で登園してください。特に、靴のサイズが合わないと走ったさいに転倒してしまいます。ご確認くださいますようお願いいたします。

ワンポイント

避難訓練を実施するにあたって保護者にしてほしいことがある場合は、下線部を使ってわかりやすくしておくとよいでしょう。見落としを防ぐことができます。

避難訓練

明日 14:00-16:00 の間に、保育室の火災報知器の定期点検があります。もしかするとお迎えのさいに警報が鳴ることもあるかもしれませんが、どうぞご心配なさらないでください。園の安全確保のためにご協力をお願いいたします。

ワンポイント

お迎えの時間に火災報知器が鳴れば保護者は驚きます。保護者に影響を与えるようなことが発生する場合はあらかじめ伝えておきましょう。

不審者情報

先ほど警察署より以下の不審者情報がありました。

【不審者の特徴】

・30 ～ 40 代の 175 センチ程度の男性
・黒いメガネをかけ、大きなリュックサックをもっている
・「一緒に遊ぼう」と女児に声をかけている

登降園時は十分にお気をつけください。

ワンポイント

メールでは大事な情報が埋もれてしまうことがあります。そこで、大事な情報はどこかがぱっと見てわかるように【　】を使うとよいでしょう。

園への脅迫メールについて

本日、当園に対する脅迫メールが届きました。全職員で本件を共有し、すみやかに警察に通報いたしました。お子様の登降園のさいは十分にお気をつけください。なお、不審者や不審なものを見かけたさいは当園にご連絡ください（xx-xxxx-xxxx）。

ワンポイント

連絡先となる電話番号を書いておくとよいでしょう。スマホでメールを開くと、電話番号をタップするだけで電話がかけられる場合が多いので便利です。

悪天候に関する注意喚起

明日の夕方は台風による暴風雨が予想されていますので、お迎えのさいは十分に気をつけてお越しくださいませ。なお、交通機関の乱れなどによってお迎えが送れる場合は、電話、あるいはメール（xxxx@co.jp）にご連絡をくださいますようお願いいたします。

ワンポイント

単に注意喚起をするだけではなく、お迎えが遅れる場合はどうすればよいかということも書いておくとよいでしょう。

悪天候に関する注意喚起

明日は台風上陸が予想されていますが、現時点では通常通り開園いたします。休園となる場合は、明日６時までにメールにてご連絡いたしますので、必ずご確認くださいますようお願いいたします。

ワンポイント

天候次第で休園する場合は、いつその判断をして、どうやって連絡をするのかをはっきり書くようにしましょう。

災害に関する注意喚起

ここ数日、園近辺で火災が続いております。当園では毎月１回、火災や地震を想定した避難訓練を実施しております。ご心配のことと思いますが、万全の対策をしておりますので、どうぞご安心ください。

ワンポイント

このメールでは結論が先ではなく、具体的な事情が先に書かれています。保護者が不安になっているときは、まず具体的な事情を説明するのもよいでしょう。

災害に関する注意喚起

災害時の緊急連絡先として電話番号を２つ登録する必要があります。まだ２つの電話番号の登録がお済みではない場合は、10日（木）17時までに登録をしてください。

ワンポイント

「急ぎ」「至急」「できるだけ早く」ではなく、「10日（木）17時までに」というように、具体的な日時を提示することで、保護者に動いてもらいやすくなります。

ブログ・ドキュメンテーション

書き方の基本

ブログ・ドキュメンテーションを作成する目的

ブログもドキュメンテーションも、目的は園での子どもの様子を保護者に伝えることです。園で子どもがどのように過ごしているかがわかるので、保護者は安心しますし、家庭での子育てのヒントを得ることもできます。

ただし、ブログとドキュメンテーションには違いもあります。もっとも大きな違いは、ドキュメンテーションは保育力をアップさせるための教材になることです。保育者が集まる会議にドキュメンテーションをもち寄り、保育について語り合う。この対話によって保育力がアップしていきます。

ブログの目的

- ▶ 保護者に子どもの様子を伝える
- ▶ 入園希望者へ園の活動をPRする
- ▶ 地域社会へ園の活動を紹介する
- ▶ 日々の保育の記録として使う
- ▶ 文章を書く力を高める

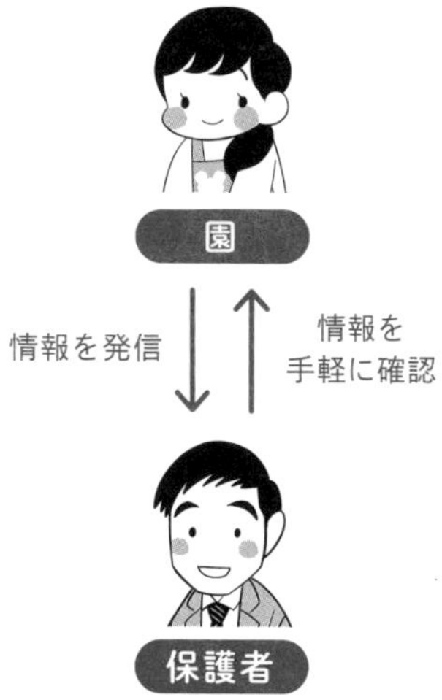

ドキュメンテーションの目的

- ▶ 保護者に子どもの様子を伝える
- ▶ 子どもが写真を見て成長を確認する
- ▶ 子どもの成長記録として残す
- ▶ 保育をまとめて、保育を振り返る
- ▶ 同僚の保育を学べる

ブログ・ドキュメンテーションの基本的な項目

ブログとドキュメンテーションの基本的な項目はおおよそ共通しています。とはいっても、それぞれの目的は異なるところがあるので、目的に応じて書くべき内容も少し変わります。

たとえば、ブログは一般公開することや園の PR も兼ねています。ドキュメンテーションは園内限定であることや保育者の保育の振り返りの教材に使われます。同じ項目でも、こうした違いを意識して書くことが大切です。

ブログの基本項目

- ☑ 読みたい！と思わせるタイトル
- ☑ 日付やクラス名
- ☑ 子どもの様子がわかる写真や動画
- ☑ 写真に添える簡潔な文章
- ☑ 園の PR になるような文章

ドキュメンテーションの基本項目

- ☑ 内容が伝わるタイトル
- ☑ 日付、クラス名、作成者名
- ☑ 保育や子どもの様子がわかる写真
- ☑ 子どもの育ちがわかるような文章
- ☑ 保育の振り返りをまとめた文章

子どもの育ちの書き方

子どもの育ちを書くさいは、「今日は新聞紙で遊んでいました」のような写真を見ればわかることではなく、子どものどのような力が育っているのかを書きましょう。

育ちを書くコツは、「10 の姿」の視点、特に園は集団生活を学ぶ場ですから「他者との関わり」「対人関係」の視点から子どもの育ちを捉えるとよいでしょう。

子どもの気持ちや思いを言葉にしたり、具体的に書いたりすることで、子どもの育ちをよりはっきりと読み手に伝えることができます。

育ちを書くさいのポイント

☑「10 の姿」の視点から

子どもの育ちをたくさん見つけるコツは、「10 の姿」の視点から捉えることです。

☑ 他者との関わりを中心に

園生活のよさのひとつは、集団生活ができることです。子どもの対人関係の育ちをまとめるとよいでしょう。

☑ 子どもの気持ちを言葉に

子どもの心情や意欲、態度を保育者の言葉でまとめるとよいでしょう。ふきだしを使って書くのもよいです。

☑ 具体的に

具体的に書くことで、保護者が子どもの成長を理解しやすくなります。テーマを絞って具体的に書きましょう。

ブログの実例

お弁当給食♪

2022.02.01 今月の給食

1月の終わりにお弁当給食を実施しました。
さくら組さんのお友達が遊びの中で、「保育園でお弁当食べたいね」と話しているのを聞いて、実施してみようと思いました。

はじめは制作でのお弁当作り！
空のお弁当箱にごはんやおにぎり、パンなど自分の好きなおかずを詰めます。
野菜が苦手な子はいらなーいとか果物が好きな子はたくさん入れたい！など夢のお弁当ができあがりました。

そして次の日は栄養士との献立会議！
なかなか意見はまとまらなかったけれど、自分の食べたいものだけではなく、お友達の意見も受け入れることができました。
デザートは選びきれなかったので、りんごとバナナの両方を入れることになりました。

お弁当給食当日、お休みなく全員登園。
できあがったお弁当を前にワクワクの顔がいっぱい並んでいました。
フタを開けたときの嬉しそうなお顔が忘れられません。
食べることを楽しみにする、楽しみながら食べる。
これが一番のおいしいスパイスになりました。
みんなとても喜んでくれました。

出典：執筆者提供

興味をひくようなタイトルをつける

「続きを読んでみたい！」と思えるようなタイトルにしましょう。「〜か!?」のように疑問文を使うのもよいでしょう。

簡単な説明を写真に添える

写真から読み取れる子どもの育ちを書くとよいでしょう。また、ブログの文章は1文を短く書き、改行をやや多めに入れると読みやすくなります。

子どもの表情がわかる写真を選ぶ

子どもの表情を見れば、その活動の楽しさやおもしろさが伝わります。子どもの表情がわかる写真を選びましょう。なお、掲載する写真は1つの記事に2枚か3枚で十分です。

季節にあった活動を紹介する

プール活動は夏にしかできません。ハロウィンは秋です。その季節ならではの活動を紹介することで、園の様子をよりしっかりと伝えることができます。

ブログ・ドキュメンテーション

ドキュメンテーションの実例

生活習慣の形成に関するテーマを選ぶ

子どもが遊んでいる場面だけではなく、基本的な生活習慣の形成に関する場面を選ぶのもよいです。身支度、かたづけ、歯磨き、食事、挨拶のような視点から子どもの育ちを捉えていくのもよいでしょう。

要約を書いておく

「おさんぽの様子」と「身支度の様子」それぞれの横に、ドキュメンテーションの要約が書かれています。要約があると、ドキュメンテーションを理解しやすくなります。保育者にとっても内容をまとめる力がつきます。

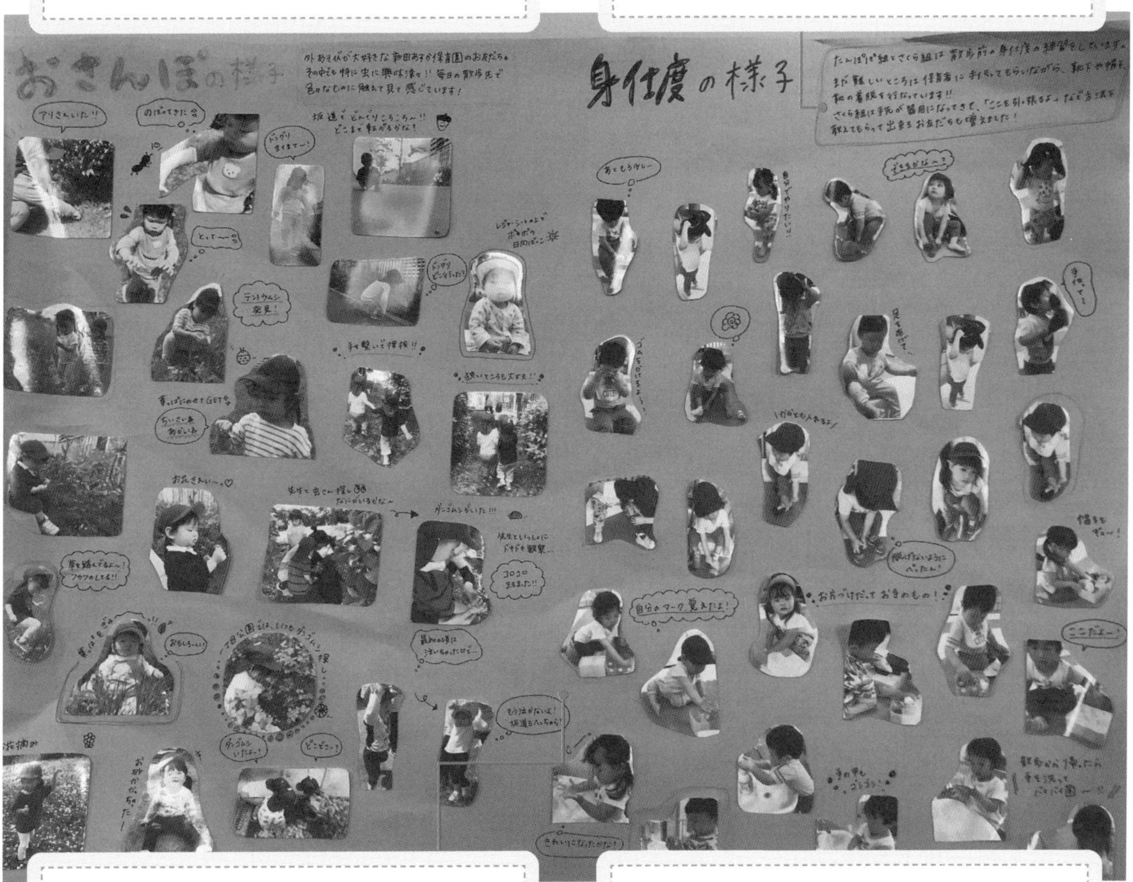

子どもの気持ちを言葉にする

「テントウムシ発見！」「おもしろーい！」のように、子どもの気持ちを読み取り言葉にすることで、保護者に子どもの様子が伝わりやすくなります。保育者にとっても、子どもの気持ちを考えるきっかけになります。

掲示場所・方法を考えて作る

ドキュメンテーションを作るときは、掲示場所と方法を考えて、大きさ、使う素材、掲載する写真の枚数などを決めましょう。たとえば、園の入口に掲載するのなら、保護者が自分の子どもを探しやすい大きさで作るようにします。

出典：新田あすか保育園

ブログ

すぐに応用できる文例

ブログ全体

読んでもらえるブログを書くコツは、保護者が知りたいことを取り上げて、やさしく、わかりやすく書くことです。

クラスの様子

2023 年 2 月 26 日

りす組　みんなでなに作る!?

りす組のなかよしのみんながそろって何かをしています。
なんでしょう？？

どうやらクッキングをしているようです。そういえば、昨日はみんなでトウモロコシの皮むきをしました。そのイメージが残っているようです。

さてさて、どんな料理を作ってくれたのかな？
できあがった料理は……明日の記事を楽しみにしていてください！

ワンポイント

タイトルを疑問文にしたり、続きは明日にしたりすることで、読み手の興味や関心を誘うようになっています。

イベント

2023 年 12 月 21 日

今日は楽しいクリスマス会！

今日はきりん組のクリスマス会。

みんなが大好きな絵本『てぶくろ』の劇です。
キツネやネズミになりきって、とても素敵な劇になりました！

最後はみんなの自己紹介。

「ネズミさんです！」と、うっかり名前を言い忘れてしまったお友だちもいました！
みんなとても楽しかったようです。

来年のクリスマス会も楽しみにしていてくださいね！

ワンポイント

子どもの育ち（頑張り）が書かれており、園の様子がよくわかるようになっています。

書き出し

冒頭では、どのクラスのどんな活動かを簡単に紹介します。タイトルを少し具体的にするイメージで書くとよいでしょう。

クラス・子どもの様子

●今日はぞう組のプール遊びの様子をお届けします。

●ぞう組の午後の様子です。近くの公園にみんなでお散歩に行きました。

●長い休みが終わって、ぞう組のみんながやりたい！　と言ったことは!?

●今日は待ちに待ったスイカわりの日！　朝からぞう組のみんなはハイテンション！

活動・イベント

●ハッピーバースデー！　今日はぞう組で誕生日会をしました。

●遠足で大興奮！　昨日はぞう組のみんなが待ちに待った遠足！

●みんなありがとう。昨日は、ぞう組のみんなの卒園式でした。

●秋と言えばハロウィン！　今日はハロウィンの製作をしました。

締めくくり

締めくくりでは、園の今後の活動に期待をもてるような一文や、保護者をねぎらう一言を添えるとよいでしょう。

クラス・子どもの様子

●これからもぞう組のみんなと楽しい思い出を作っていきます！

●ぜひ、ご家族でも公園に見に行ってくださいね。

●いつも園の活動にご協力くださりありがとうございます。

●ぞう組のみんなは、毎日どんどん成長していっています。

活動・イベント

●来月のお誕生日会も楽しみにしていてくださいね。

●この様子を詳しく知りたい方は、担任に聞いてみてくださいね。

●明日は遠足の様子をアップします。楽しみにしていてくださいね。

●まだまだ暑いので保護者の方もお体をお大事にしてくださいね。

日常

ブログでは、子どもの気持ち、育ち、活動の背景のような、写真を見るだけではわからないことを中心に書きましょう。

クラスの様子

●思いやりの気持ちをもってお友達に接するようになってきました。
●泣いたり笑ったり、みんなたくさんの経験をしながら確実に育っています。
●今日は粘土遊び。どうして粘土遊びをしたのかというと……（理由を簡単に書く）
●（4月入園直後）クラスで過ごす時間が充実するようにしていきます。

子どもの様子

●初めてのプール遊びにちょっと緊張気味のぞう組さん。
●「見て見て！」と、完成した作品をみんなで見せ合っていました。
●さすが年長さんの遊びはダイナミック！　大胆！
●ちょっぴり驚いたこともあったけど、楽しい時間だったようです。

食育

●みんなで食べるって楽しいこと！そんな経験をした1日でした。
●みんな夢中になってもぐもぐ食べていました。ごちそうさまでした。
●みんなで食べると苦手なものでもへっちゃら！
●詳しい調理方法を知りたい方は、お声がけくださいね。子どもがもりもり食べるようになる秘伝の調理方法、お伝えします！

読み聞かせ

●ぞう組さんに大人気の本、それは『はしる！新幹線「かがやき」』！
●読み聞かせのさいは、子どもたちの顔を見ながら読み進めていくようにしています。
●今日はどんなお話なのかな？　と、わくわくして待っていました。
●ご自宅でも絵本の読み聞かせをしてあげてくださいね。

イベント

イベントの様子を紹介するさいは、イベントだからこそ見られる子どもの姿を取り上げるとよいでしょう。

お誕生会

●クラスのお友達にお祝いしてもらってとても嬉しそうな様子です。

●待ちに待った５歳になる日！　ちょっとどきどきしているようです。

●「４歳です！」と自分の年齢をみんなの前で元気よく言ってくれました。

●誕生会の日だけのスペシャルメニューにびっくり！

春のイベント

●（入園）期待と不安を胸に、今日から園生活が始まりました！

●（お花見）桜に触れた感触を楽しんでいるようです。

●園生活にもだんだん慣れてきたようで、いろいろなことに挑戦しようとしています。

●お友達もできて、一緒に遊ぶ姿が見られるようになってきました。

夏・秋のイベント

●こんな暑い日だからこそ楽しいプール遊び。気持ちいいね！　と楽しんでいました。

●なんでハロウィンではかぼちゃなの？？　今日は、ハロウィンについてみんなで話し合ってみました。

●自分たちで頑張って収穫したおいもは、とってもとってもおいしかったようです。

●この夏もまたひとつ、心も体もぐっと成長したぞう組のみんなでした。

冬のイベント

●サンタさんの登場に、嬉しさ全開！　僕も私もと、みんなサンタさんの周りに大集合！

●クリスマスの特別メニューに大興奮！

●（餅つき）お餅はこんなふうにできるんだ！　と興味津々のぞう組さん。できたてのお餅をさわった感触を楽しんでいました。お餅はおやつの時間においしくいただきました！

●お正月、ご自宅でどんな遊びをしたのか教えてくださいね！

感染症対策に関する文書

書き方の基本

感染症対策と注意喚起の重要性

園での感染症対策は、子どもや保育者の生命に関わる重要事項です。

感染症対策を確実なものにするためには、園と家庭の連携がいっそう重要です。園で実施している対策を家庭に周知し、家庭でも対策をとってもらうことで、はじめて確実な感染症対策となるからです。

そのため、園での感染症対策が保護者にきちんと伝わるような書き方をする必要があります。

子どもがかかりやすい主な感染症

感染症の種類／かかりやすい年齢

- ☑ 麻疹／乳幼児（特に１歳）
- ☑ 風疹／幼児
- ☑ 水疱瘡《みずぼうそう》／乳幼児
- ☑ 流行性耳《じ》下《か》腺炎《せんえん》／幼児
- ☑ 手足口病／乳幼児（特に１～２歳）
- ☑ ウイルス性胃腸炎／乳幼児

感染症対策に関する文書のポイント

園と家庭が連携して感染症対策をするためには、３つのポイントを押さえて文書を書くとよいでしょう。第１に、感染症名とその特徴。第２に、園で実施している感染症対策。第３に、家庭でも実施してほしい対策です。

この３つのポイントを含めて書くことで、保護者は園で実施されている感染症対策を理解し、さらに自分が家庭ですべきことも理解できます。これが、園と家庭の連携につながっていくのです。

1 感染症名とその特徴

感染症名とその特徴を簡単に書きます。特に、腹痛や下痢など、具体的にどのような症状が見られるのかを必ず書きましょう。

2 園の感染症対策

園で実施している感染症対策を書きます。「子どもの降園後に玩具は消毒しています」など具体的な対策を書きましょう。

3 家庭へのお願い

保護者にしてほしいことをわかりやすく書きます。「帰宅後は手洗いとうがいを徹底してください」など具体的に書きましょう。

感染症対策に関する文書

感染症別 文例集

※ここで紹介する感染症に関する症状、特徴、対策などはあくまで例文です。感染症対策に関する文書は、医療機関や園の方針にしたがって作成してください。

新型コロナウイルス感染症

保護者に感染症対策を伝えるさいは、保護者が具体的に何をすればよいのかを理解できるような内容にすることが重要です。

感染症の特徴

新型コロナウイルス感染症（COVID-19）は、発熱や倦怠感、咳や鼻水のような風邪に似た症状が見られます。乳幼児は比較的罹患しにくいと言われていますが、現時点では確実なことはあまりわかっていません。これまでにさまざまな変異株も出現しており、注意が必要な感染症です。

注意喚起

新型コロナウイルス感染症の感染者が増加しています。〇〇市内でも感染者が増えています。ご家庭でも、家族皆様の健康観察を徹底し、感染症対策をお願いします。また、お子様に体調不良の症状が見られたさいは、登園前に医療機関を受診し、医師の指示に従ってください。

園の感染症対策

室内遊びのさいは、窓を開けて常時換気をしています。また、食事のさいは、子ども同士が一定の距離をとって座り、大きな声を出さないように気をつけながら食べるようにしています。そのほかにもさまざまな感染症対策を実施していますので、詳細は担任、または園長にご質問ください。

家庭へのお願い

感染症対策として、手指消毒やうがいが有効と言われています。特に、ショッピングモールのような多くの人が集まる場所に行かれたさいは、お子様も含めてご家族全員が手指消毒やうがいを徹底してください。園内感染や家庭内感染を防ぐために、ご理解とご協力をお願い申し上げます。

その他の感染症 ①

感染症対策に関する文書では、「いつ（どうしたら）登園可能になるか」を書くと、保護者も安心します。文例を参考にしましょう。

麻疹《はしか》

麻疹は飛沫や空気、接触で感染し、発熱や咳から始まり､全身に発疹（紅斑）が広がります。肺炎になると重症化することもあります。解熱後３日程度で登園可能となります。１歳を過ぎたら予防接種も有効とされています。

風疹

風疹（三日ばしか）は発熱、発疹、リンパ節腫脹《せつしゅちょう》が見られます。発疹が完全に消えたら登園可能です。妊娠初期に罹患すると胎児が先天性風疹症候群になることもあるので、予防接種も有効です。

水疱瘡《みずぼうそう》

水疱瘡は発熱と発疹が見られ、水疱となります。水疱は乾燥して次第にかさぶたになります。すべての発疹がかさぶたになったら登園可能となります。水疱瘡になったさいは、肌を清潔にして、爪を短く切り、かかせないようにしましょう。

流行性耳下腺炎

流行性耳下腺炎（おたふくかぜ）は耳下腺などの唾液腺が痛みを伴って腫れます。子どもは微熱ですむことが多いですが、頭痛や嘔吐などがある場合は髄膜炎の可能性もあります。食事はのどごしがよく、柔らかいものをとるとよいでしょう。

手足口病

手足口病では、手、足、口、股間などに水疱性発疹が見られます。解熱後１日以上経過し、食事がとれるようになったら登園可能です。口腔内の水疱の痛みのため食事をとりづらくなることがあります。低刺激で高カロリーのものをとるとよいでしょう。

ウイルス性胃腸炎

ウイルス性胃腸炎はノロウイルスやロタウイルスに感染することで発症し、嘔吐や下痢の症状が見られます。嘔吐や下痢が治まり、通常の食事がとれるようになったら登園可能です。嘔吐や下痢のため脱水症状になりやすいので、こまめに水分補給をしましょう。

その他の感染症②

子どもに多い感染症に関する文例をストックしておいて、必要に応じて自在に使えるようにしましょう。

RSウイルス感染症

RSウイルス感染症は2歳以上では咳や鼻水が見られるものの、自然に寛解《かんかい》することが多いウイルス感染症です。乳児では高熱や呼吸困難になることもあります。全身状態がよくなれば登園可能です。主に冬季に流行しますので、手洗い、うがいを徹底してください。

ヘルパンギーナ

ヘルパンギーナに罹患すると高熱と咽《いん》頭《とう》痛が見られます。口蓋垂《こうがいすい》（のどちんこ）に水疱ができます。解熱後1日以上経過し、通常の食事がとれるようになったら登園可能です。口内痛がある場合は、低刺激で高カロリーなものを摂食するようにしましょう。

マイコプラズマ感染症

マイコプラズマという細菌によって発熱や咳などが続き、肺炎や胸膜炎、中耳炎になることがあります。解熱し、激しい咳が治まったら登園可能になります。お子様が感染した場合は、医療機関を受診し、可能な限り家庭内隔離をして、家庭内での感染拡大を防ぐようにしましょう。

咽頭結膜熱

咽頭結膜熱（プール熱）はアデノウィルスが原因で発症し、発熱、のどの痛み、目の充血が見られます。おもに夏季に流行します。こうした症状がなくなり、2、3日経過後に登園可能となります。眼瞼結膜の症状がある場合は、眼科の受診をしましょう。

溶連菌《ようれんきん》感染症

溶連菌感染症は発熱、発疹、咽頭扁桃《へんとう》炎、いちご舌などが特徴的な感染症です。幼児から学童期の子どもによく見られます。菌が残らないように抗菌薬を服用し、数日経過後に登園可能となります。可能なかぎり家庭内隔離をして、家庭内での感染拡大を防ぎましょう。

インフルエンザ

インフルエンザに感染すると突然の高熱、頭痛、関節痛が見られます。主に冬季に流行し、A型、B型、C型があります。子どもの場合は急性脳症のリスクがあります。発症後5日経過し、解熱後3日を経過してから登園可能となります。水分と消化のよい食事をとりましょう。

保護者全体へのお願い

書き方の基本

保護者のマナー違反にどう対処すべき？

保護者の中にはルールやマナー違反をする方もいます。とはいっても、必ずしも悪意ではなく、「うっかり」とか「つい」ということも少なくありません。

そのため、保護者にルールやマナー違反を伝えるさいは、上から目線で断定的な言い方をするのではなく、丁寧に、慎重に伝える必要があります。

保護者が心地よく動けるように書く

保護者にルールやマナーについてお願いするさいは、保護者が納得して、心地よく動けるように書きましょう。保護者との関係がこじれるような言い方ではなく、「確かにそうだね」と保護者が納得して、自分から動きたくなるような伝え方が大事です。

そのためには、「個人を特定する内容にしない」「高圧的な口調は避ける」の２つを意識して書くようにしましょう。

個人を特定する内容にしない

個人が特定される書き方をすると、保護者から見れば個人攻撃をされた、恥をさらされたと感じてしまいます。「保護者のみなさまへ」など個人が特定されないような書き方をしましょう。

高圧的な口調は避ける

「すべきです」「マナー違反です」のような高圧的な表現をすると、かえって保護者との関係が悪くなってしまいます。「お願いしたく存じます」「ご配慮くださると幸いです」など丁寧な表現をしましょう。

保護者全体へのお願い
そのまま使える文例集

車のマナー

車でお子様の送迎をされる場合は、お子様や保護者様、近隣住民の方々の事故防止のために、本園が指定した場所に駐車してくださいますようお願い申し上げます。そのため、以下の事項をご確認ください。

自転車のマナー

最近、近隣の方々から本園利用者の自転車マナーに関するお声を多数いただいております。本園の前の通りは近隣の方々も通行いたします。今一度みなさまの駐輪場所や乗車方法を確認してくださいますようお願いいたします。

登園・降園時のマナー

登園前のお子様の体温測定と、健康観察カードへの記入・提出をお願いいたします。37.5 度以上のときは登園を控えてください。保護者の皆様のご理解とご協力をお願い申し上げます。

園の周囲での立ち話

本園利用者の園周囲での立ち話に関して近隣の方から多数のご意見が寄せられております。本園は住宅街に位置することもあり、さまざまな方が生活をしておられますので、ご配慮いただけますと大変ありがたく存じます。

お迎えの保護者

お子様のお迎えに来られる保護者様が変更になる場合は、お子様経由での連絡や連絡帳に記載するのではなく、必ず園に電話で連絡をしてください。お子様のお迎えは安全管理上重要ですので、ご協力をお願い申し上げます。

門の施錠

本園の門は 2 つの施錠が必要となっております。大変お手数をおかけしておりますが、お子様の安全を守るためにも、出入りのさいは必ず 2 つ施錠することを徹底してくださいますようお願いいたします。

保育記録

書き方の基本

保育記録の目的

保育記録とは保育実践を記録した書類です。その目的は、保育の質を高めることです。保育の質向上のためには、保育をやりっぱなしにするのではなく、一つひとつ丁寧に点検し、振り返る必要があります。点検や振り返りを記録していく資料が、保育記録です。記録を作る過程で、どのような保育をしたのか、どのようなことを感じたのかを考えながら改善点を見つけ、次の保育に生かしていきます。これが、保育の質向上につながっていきます。

なお、本書では保育記録という表現をしていますが、保育日誌や日案のように、園によってさまざまな表現があります。保育記録に含まれる項目もさまざまです。

保育記録のおもな役割

保育の振り返りに使う

保育記録の項目に従って、保育を一つひとつ点検し、振り返ります。記録作成の過程で、改善点を見つけ、次の保育に生かしていきます。

保育の計画の参考にする

保育の計画は子どもの姿やこれまでの保育とのつながりから作ります。保育記録に記された子どもの姿や過去の保育をふまえて保育の計画を作ることが大切です。

自分の保育の特徴を理解する

保育記録を読み返すことで、自己覚知《かくち》、すなわち自分の保育の特徴を知ることができます。自分の保育を理解することは、改善点の発見にもつながります。

同僚の保育から学ぶ

保育記録を同僚と読み合うことで、同僚の保育から学ぶことができます。写真を中心にしたドキュメンテーション型の保育記録にすると保育を理解しやすくなります。

保育記録のおもな項目

保育記録の形式（様式）は園によってさまざまです。ですが、ねらいや保育の内容、振り返りのように、おおむねどの記録にも共通して含まれる項目もあります。保育の振り返りに必要な項目が含まれるようにしましょう。

保育記録には、あらかじめ書くべき項目が示されているノートや用紙を使いましょう。項目が示されていることで、記入漏れを防ぐことができます。また、常に同じ項目があることで、過去の保育と今の保育を比べやすくなり、改善点を見つけやすくなるという利点もあります。

保育記録の一例と書き方のポイント

園日誌	足立区新田あすか保育園		園長		担当	
令和4年8月3日水曜日	天気	晴	気温		湿度	

職員出欠勤	欠勤	—	来園者	—
	早退	—		
	遅刻	—		
	出張・研修	—		

園児出欠者	クラス名	在籍			出席	欠席
		男	女	合計		
	つくしぐみ	1	0	1	1	0
	たんぽぽぐみ	1	2	3	3	0
	さくらぐみ	3	3	6	5	1

行事	
事故	—
連絡引継事項	—

保育記事		つくしぐみ（0歳）	たんぽぽぐみ（1歳）	さくらぐみ（2歳）
	ねらい	・お気に入りの玩具で遊ぶ。（水遊び）	・暑さの中水の冷たさを心地よく感じる。	玩具を使って水遊びを楽しむ。
	予想される内容	・他児のもっているものに興味をもち、触れてみようと手を伸ばす。 ・手にしたものを握ったり口に入れてみようとする。	（水遊び） ・首元や手足に水をかけられて喜ぶ。 ・頭から水が掛かることを嫌がる。	（水遊び） 容器に水を入れたり、出したりして遊ぶ。 魚の玩具をすくったり戻したりして遊ぶ。
	配慮	他児の玩具に手を伸ばすようになってきた為、トラブルになってしまう事がないよう、近くで遊びを見守っていく。	・気温によってはで水遊びの時間を短くする。 ・お部屋ではゆったりと過ごす。	一緒に遊ぶことで玩具の使い方を知らせたり、発展ができるようにする。
	当日の活動	（水遊び） 自分から水に手を入れ楽しんでいた。	（水遊び） たらいに手を入れて混ぜたり、水鉄砲で水を飛ばすことを楽しんだ。	（水遊び） 水がかかることも少しずつ嫌がらずに遊んでいた。
	反省	水遊びの後は、給食時に眠くならないように給食前に寝る時間をとるようにする。	水遊び後は疲れてしまっている様子が多く見られるので、休息の時間が確保できるようにする。	水を友だちの顔にかけてしまったりなど、トラブルが見られたので声かけをしていきたい。

保育記事

ねらい

子どもの心情、意欲、態度の育ちを考えて書きましょう。

予想される活動

予想される子どもの姿を書きましょう。保育を考えるうえで大事な姿だけ書けばよいです。

当日の活動

実際に行った活動を書きます。内容がわかる程度に簡潔に書きましょう。

環境構成

子どもが安全に、主体的に活動できる環境が大事です。環境の工夫や準備物を書きましょう。

援助と配慮

予想される子どもの姿に対応した、保育者の援助と配慮を書きましょう。

振り返り

子ども、保育者、環境構成の視点から保育を振り返ると、「気づき」が得られやすくなります。

保育記録

保育の質の向上につながる記録例

0～2歳児クラスの記録例

園日誌		足立区新田あすか保育園	園長		担当	
令和4年8月3日水曜日	天気	晴	気温		湿度	

職員出欠勤			来園者		行事	
	欠勤	―		―		
	早退	―				
	遅刻	―				
	出張・研修	―				

園児出欠者	クラス名	在籍			出席	欠席
		男	女	合計		
	つくしぐみ	1	0	1	1	0
	たんぽぽぐみ	1	2	3	3	0
	さくらぐみ	3	3	6	5	1

事故	―
連絡引継事項	―

保育記事		つくしぐみ（0歳）	たんぽぽぐみ（1歳）	さくらぐみ（2歳）
	ねらい	・お気に入りの玩具で遊ぶ。（水遊び）	・暑さの中水の冷たさを心地よく感じる。	玩具を使って水遊びを楽しむ。
	予想される内容	・他児のもっているものに興味をもち、触れてみようと手を伸ばす。 ・手にしたものを握ったり口に入れてみようとする。	（水遊び） ・首元や手足に水をかけられて喜ぶ。 ・頭から水が掛かることを嫌がる。	（水遊び） 容器に水を入れたり、出したりして遊ぶ。 魚の玩具をすくったり戻したりして遊ぶ。
	配慮	他児の玩具に手を伸ばすようになってきた為、トラブルになってしまうことがないよう、近くで遊びを見守っていく。	・気温によってはで水遊びの時間を短くする。 ・お部屋ではゆったりと過ごす。	一緒に遊ぶことで玩具の使い方を知らせたり、発展ができるようにする。
	当日の活動	（水遊び） 自分から水に手を入れ楽しんでいた。	（水遊び） たらいに手を入れて混ぜたり、水鉄砲で水を飛ばすことを楽しんだ。	（水遊び） 水がかかることも少しずつ嫌がらずに遊んでいた。
	反省	水遊びのあとは、給食時に眠くならないように給食前に寝る時間をとるようにする。	水遊び後は疲れてしまっている様子が多く見られるので、休息の時間が確保できるようにする。	水が友達の顔にかけてしまったりなど、トラブルが見られたので声かけをしていきたい。

個人記録	クラス	園児名	検温	伝達事項
	つくし		36.8	
	つくし			
	つくし			
	たんぽぽ		36.6	
	たんぽぽ		36.7	
	たんぽぽ		37.1	
	たんぽぽ			
	たんぽぽ			
	たんぽぽ			
	さくら		36.6	オムツを多めに持参いただく
	さくら		36.6	
	さくら		36.9	午睡後、左鼻鼻血
	さくら		36.6	
	さくら		36.8	オムツを多めに持参いただく
	さくら			

職員検温							その他	
		36.3		36.4		36.4		
		36.5		36.5				

出典：新田あすか保育園

情報の一元化をする

保育内容だけでなく、子どもや保育者の出欠、事故報告や連絡事項のような保育をするうえで必要な情報をまとめて書けるようになっています。

保育の連続性を意識する

小規模保育で縦割り保育のため、1つの記録に乳児から2歳児の記録をまとめています。月齢の育ちのつながりや連続性を意識して、ねらいや内容を考えましょう。

保護者に伝えることは共有する

「伝達事項」として保護者に伝えるべきことを記入するようになっています。伝達漏れを防ぐうえで役立つ項目です。

3～5歳児クラスの記録例

8月19日（金曜日） 田井保育園 【あわあわ遊び】

ほし組	20名（男児9名 女児11名）	担任 ○○
○活動設定の理由 ・水遊びは全般的に濡れること、汚れることを嫌がる子は少ない。石けんでの手洗いは遊びにならないように声をかけているが、泡で遊びたい気持ちもわかる。思う存分、泡の感触を味わい楽しんでほしい。		
ねらい	◎興味を示し、自分からやってみようとする。 ○石けんのぬるぬるとした感触や、泡の心地よい感覚を楽しむ。	

〈時間〉環境構成	予想される子どもの活動	保育者の援助・配慮
・寒冷紗のテント下で遊ぶ。 ・日陰がずれてくるので、陰になるところで遊ぶ。 ・机、タライ（大・小）、ボディソープ、スポンジ（子どもが握りやすい大きさ） ・カップ（いろいろな大きさ、形） ・色水（赤、黄、青）を用意しておく。 ・洗い用のタライ ・ボディソープ	○泡遊びをする。 ・石けんを触る。 ぬるぬるした感触 つるつるした感触 ・手のひらで泡立てる。 ・スポンジで泡立てる。 ・タライの水の中に入れてみる。 ・いろいろな泡の感触を味わう。 ・カップの中に泡を入れてみる。 ・見立てて遊ぶ。 アイス、ソフトクリームなど ・色水と組み合わせてみる。 ・タライの中でかき混ぜる。 ・色の変化を楽しむ。 ・見立てて遊ぶ。 わたがし、イチゴ味のアイス他 ・一緒に片付ける。 ・きれいに体を洗ってもらう。	・泡は目や口に入れないように、遊ぶ前に約束をしておく。 ・健康カード、当日の子どもの健康状態をチェックしておく。また、熱中症警戒アラートが出るなど、気温が高すぎるときは、日を改めるなどその日の気温の状態で遊ぶようにする。 ・泡を触ったり、泡立てたりするうちに感触が変わってくる様子を感じている姿をうなずきや言葉で受け止めながら返していくようにする。 ・子どもたちの遊ぶ様子を見ながら、必要であればカップなど他の材料を増やしていく。 ・カップに入れたり出したりを繰り返したり何かに見立てたりして喜んでいる姿を受け入れていく。また、友達がしていることに関心が向いているときには言葉を添えて相手にも伝えていくようにする。 ・様子を見ながら、遊びの環境を変化させ、そこからの子どもの反応を見ていく。 ・子どもより先に「○○みたい」などと発言しないようにし、子どもの発想を大切にしていく。 ・まだ遊びたい気持ちを受け止めながら、一緒にかたづけていく。 ・きれいな泡で体をきれいにし、最後まで楽しめるようにしていく。

振り返り	出席児12名中、水遊びができない子はおらず、全員遊ぶことができる。押すと泡が出てくるポンプを使ってみる。1名力が入らず押し出せない子はいたが、他児は自分で好きなだけ泡を出したり、スポンジにつけて泡立てたりとよく遊んでいる。手洗いではできない泡遊びを十分に楽しめた様子。途中でプリンカップを出してみると、中に入れて遊ぶ子もいたが、それよりも手で泡の感触を楽しむことのほうがおもしろかったようだ。次回、また違った遊びが盛り上がるかもしれない。

出典：田井保育園

活動設定の理由をしっかり考える

保育は子どもの姿を起点にして考えます。ここでは、石けんで手洗いする子どもの気持ちをふまえた活動になっています。

要点だけしっかり書く

あれもこれも書くのではなく、保育をするうえで大事なことだけ選択して書きましょう。保育者の援助だけではなく、保育の配慮も書くとよいでしょう。

保育を振り返り、次の保育を考える

事前の計画と実際の子どもの姿の違いをもとに振り返りがされています。振り返りをふまえて、次に行う保育を書くのもよいでしょう。

Column

アプリで連絡するときのポイント

園から保護者への連絡は、アプリを使うと便利です。保育者の負担を減らせますし、保護者もいつでもどこでも連絡を受けることができるからです。

連絡帳アプリとは？

　スマホやタブレットの普及に伴って、園と保護者の連絡ツールとして保育 ICT の連絡帳アプリを使う園が増えています。たとえば、ルクミーや CoDMON（コドモン）などが挙げられます。

　こうしたアプリには、出欠管理、連絡帳、緊急連絡、写真の添付など、アプリごとにさまざまな機能があります。アプリを使った園と保護者のコミュニケーションは、保育者と保護者にとって利便性が高く、今後もアプリを使う園は増えていくでしょう。

アプリを用いた連絡機能の一例

出欠予定確認

連絡帳で園児の出欠確認や送迎者・お迎え時間の確認ができます。緊急連絡先の確認もできるので、緊急時はすぐに連絡することができます。

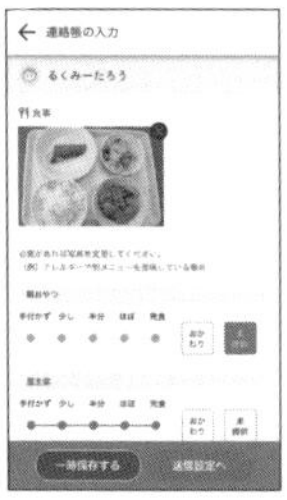

写真添付

撮影した写真を連絡帳に添付できます。当日食べた給食の内容や、怪我をしたさいに写真で情報を正確に伝えることができます。

他アプリとの連携

食事・睡眠・体温・排便をクラスボードアプリで全園児分まとめて入力可能。入力情報は連絡帳に自動で反映され、再度入力する手間を省けます。

保育施設向け総合 ICT サービス

「ルクミー®」とは

保育現場のさまざまな場面に活用することで、保育者の心と時間にゆとりを生み出し、保育の質の向上に貢献する保育施設向け総合 ICT サービスです。

写真提供：ユニファ株式会社

連絡帳アプリのメリット

アプリは保育者と保護者にとってさまざまな利便性があります。たとえば、保育者にとっては、行事の連絡や明日の持ち物といったどの子どもにも同じ内容を伝えるときに、一度書いた文章をコピペできます。文字の予測機能も書く速度をアップさせます。保護者にとっては、お迎えの時間の変更を伝えるさいにアプリ上で時間変更ができます。園が確認したかどうかもわかります。これら以外にも、アプリには多くのメリットがあります。

保育者が実感できるメリット

保護者が園からの連絡を読んだか確認したかが簡単にわかる

紙に書くより早く書けるし、書き直しもラク

出欠管理のミスや、園や保護者からの連絡漏れがなくなった

緊急時の連絡を素早く、しかも一斉に送れるようになった

撮影も簡単！　共有も簡単！　保護者への送信も簡単！

保護者が実感できるメリット

園からの連絡を確実に受け取ることができ、保存もできる

いつでもどこでも連絡帳を読んだり書いたりできるので便利

お迎えの時間に遅れたり変更したりするさいの連絡がラク

行事の中止や変更のような急ぎの連絡がすぐに来るから安心

園での子どもの写真を家族や親族で簡単に共有できる

連絡帳アプリを使うさいのポイント

「アプリでいつも連絡をとっているから大丈夫！」と思っていませんか？　アプリはあくまでも連絡を効率よくするためのものです。保護者との信頼関係を作るものではありません。

園と保護者の信頼関係は、対面でのきめ細かなコミュニケーションをしっかり積み重ねていくことで作れるものです。保護者との信頼関係があってこそ、アプリがより効率的になるのです。保護者との信頼関係の構築がおろそかにならないようにしましょう。

意識すべき4つのポイント

POINT 1

対面のコミュニケーションをより大切にする

アプリでの連絡は利便性を高めるものであって、信頼関係を作るものではありません。園と保護者の信頼関係は、対面のコミュニケーションを丁寧に積み上げることで作られます。

POINT 2

「2割増し」の丁寧さで書く

口頭で言われるとなんともないことでも、文字で書かれると「冷たい」「事務的」「非礼」と感じることがあります。アプリで連絡するさいは、口頭で伝えるときより2割ほど余分に丁寧に書きましょう。

POINT 3

送信ミスに注意する

アプリではクラス全体への一斉送信と、特定の保護者への個別送信ができます。特定の保護者に送信する内容をうっかりクラス全体に送信してしまうと、個人情報の漏洩や園への信頼を損なうことになります。

POINT 4

アプリの不具合に注意する

アプリが不具合を起こしたり保護者が使っているスマホとの相性が悪かったりすることがあります。アプリによる連絡ができなくなった場合に、どうするかもしっかり考えておくようにしましょう。

PART

2

伝わる「話し方」・信頼される「聞き方」

対面のコミュニケーションは、文章と違ってやり直しができないからこそ、「伝わる」話し方をすることが大切です。伝わる話し方のポイントを押さえ、実践して、保護者や同僚と信頼関係を築いていきましょう。

伝わる 話し方の基本 8 のルール

「伝える」と「伝わる」は違います。保護者や同僚に伝わる話し方をするためには、ちょっとした、でも簡単なコツがあります。ここでは、そのコツを8つ紹介します。

ルール1 要点を明確に、簡潔に

保護者や同僚と話をするときは、言いたいことや伝えたいことを明確にして、簡潔に話すようにしましょう。あれもこれも思いついた順番に、すべて話していては、聞き手はまるで理解できません。これでは、保護者や同僚から信頼を得ることは難しくなります。

「要するに」「お伝えしたいことは」「一番大事なことは」のような言葉を使って、自分が言いたいことや伝えたいことを明確にして、必要なことだけを簡潔に話すようにしましょう。

ルール2 「5W1H」を意識する

聞き手に内容を正確に伝えるためには、5W1Hの情報を入れるようにしましょう。5W1Hを明確にすることで、話し手が伝えたいことと聞き手の理解が一致しやすくなります。また、自分が話をするときだけではなく、話を聞くさいも5W1Hを意識して聞くと、誤解が減るでしょう。

「5W1H」とは

Who	誰が
When	いつ
Where	どこで
What	何を
Why	なぜ
How	どのように

「5W1H」を意識した話し方

運動会の写真を購入する場合は(Why)、来週水曜日までに(When)園指定の封筒に必要な代金を入れて(How、What)クラス担任に(Who)直接(Where)渡してください。

ルール3 あれこれまとめず、１つずつ分けて話す

複数の要件を伝えるさいは、あれもこれもまとめて話すのではなく、１つずつ要件を整理して話すようにしましょう。たとえば、「まず」「次に」のように要件に順番をつけたり、「運動会の件は」「健康診断の件は」のようにどのような要件かを明確にしたりすることで、聞き手が話を理解しやすくなります。

まとまりのない話し方だと……

ひとつずつ分けて話すと……

ルール4 聞き手の理解度を確認しながら話す

「伝える」と「伝わる」は違います。「伝える」は自分（話し手）目線、「伝わる」は他者（聞き手）目線です。

大事なのは「伝わる」ことです。自分が言いたいことが伝わるようにするためには、聞き手の理解度を確認しながら話すようにしましょう。話の節目や区切りで、「何かご質問はございますか」「わかりにくい箇所はありませんでしたか」のように聞き手に質問すると、聞き手の理解度を確認できるでしょう。

話を一方的に進めるのではなく、話の節目で聞き手に質問することで、聞き手の理解度を確認しています。

ルール 5 視線を合わせてハキハキと

保護者や同僚と話をするときは、話の聞き手と視線を合わせて、ハキハキと話すことが大事です。視線を合わせないで話をすると、他のことを考えながら適当に話をしていると聞き手は感じてしまいます。

また、話し手がボソボソと話をすると、聞き手はとても聞き取りにくく、双方の間に誤解や行き違いが生じやすくなります。とはいっても、ずっと聞き手の目を見つめているのは、かえって失礼になります。最初は聞き手の目をじっと見て話し、ときどき目をそらして、また目を見て話す……という流れを繰り返すとよいでしょう。

ルール 6 早口にならないように気をつける

伝えるべきことが多かったり急いでいたりすると、つい早口で話してしまうことがあります。ですが、これでは「伝わる」からほど遠く、話し手と聞き手の間に誤解や齟齬が生まれるだけです。

どれほど早口で話しても、聞き手に理解されなければ意味がありません。早口になりそうなときほど、聞き手の理解度を一つひとつ確かめながら話すようにしましょう。

早口になりそうなときほど、聞き手がきちんと話を理解できているかを確認しながら話すようにしましょう。

ルール7 元気な挨拶を心がける

挨拶をするさいは元気よくしましょう。挨拶は保護者や同僚との人間関係を築くうえで欠かせない行為です。そのため、挨拶は単にすればいいのではなく、保護者や同僚にきちんと伝わることが大切です。

また、保育者が元気よく挨拶をすることで、子どもも元気よく挨拶するようになります。保育者の挨拶の仕方を子どもはよく見ています。保育者が元気よく、気持ちを込めて挨拶をしていると、子どももそれを真似します。

挨拶をするさいは、聞き手に自分の声は届いているか、聞き手が心地よいと感じる言い方になっているかを意識するとよいでしょう。

ルール8 マスク越しでも笑顔で

コロナウイルス感染症流行のため、大人はマスク着用が必須になっている園も多いのではないでしょうか。保育者の表情、特に笑顔は保護者にとっても子どもにとっても非常に大切ですが、マスクの着用によって笑顔がわかりにくくなることがしばしばあります。

そこで、マスク着用時でも保育者の笑顔が伝わるように工夫する必要があります。たとえば、顔全体を使って笑ったり、笑顔に適した言葉を意識的に口にしたりするとよいでしょう。

マスクで口元が隠れているため、目元が笑っていないと笑顔であることが伝わりません。

「目は口ほどに物を言う」と言います。目元の表情が笑顔に適しているかを意識するとよいでしょう。

保護者への謝罪

謝罪するときのポイント

保護者への謝罪が必要な場面では気が滅入ることもあります。ですが、謝罪の仕方によっては、保育者と保護者の信頼関係をこれまで以上に強くすることができます。

上手な謝罪のコツを身につけて、謝罪の機会（ピンチ）を保護者との信頼関係を強化する機会(チャンス)にしましょう。

謝罪のポイント

① 謝罪の第一報は早めにする

② 謝罪に適した方法を考える（口頭、電話等）

③ 原因を伝える

④ 改善点や今後の対応を伝える

⑤ 言い訳をしない

⑥ 丁寧な言葉遣いをする

覚えておきたい汎用性の高いおわびの定番フレーズ

- ご心配をおかけし、申し訳ございませんでした。
- ご迷惑をおかけしましたことをお詫び申し上げます。
- このたびは、大変失礼いたしました。
- 本件について、深くお詫び申し上げます。
- 多大なご迷惑をおかけし、誠に申し訳ございません。
- ご心配をおかけしてしまい、大変恐縮でございます。
- つきましては、何卒ご容赦賜りますようお願い申し上げます。
- 本件を真摯に受け止め、再発防止と改善に取り組んでまいります。

保護者への謝罪
おわびのフレーズ集

子どもが怪我をした①

お子様が園内で怪我をされたことにつきまして、大変申し訳ございませんでした。心よりお詫び申し上げます。

子どもが怪我をした②

大変申し訳ございませんでした。再発防止策と改善策を園内で検討して、あらためてご報告させていただきます。

約束の時間に遅れて保護者を待たせた

お待たせしてしまい申し訳ございませんでした。今後このようなことがないように気をつけてまいります。

子どもの体調不良に気づかなかった

気がつくことができず大変申し訳ございません。明日以降はお子様の様子をしっかり注視していきます。

子どもの持ち物がなくなった

園内で紛失の可能性もあり、弁解のしようもございません。園長と相談し、あらためて対応をご報告いたします。

クラスだよりに誤字があった

先月のクラスだよりには以下の誤字がありました。お詫びして訂正させていただきます。

保護者の要望に応えられない

ご要望に応えられず申し訳ございません。このたびは貴重なご意見をありがとうございました。

連絡事項に漏れがあった

ご迷惑をおかけして申し訳ございませんでした。今後はこのようなことがないように確認を徹底してまいります。

保護者からの連絡を忘れていた

ご連絡への対応ができておらず多大なご迷惑をおかけしました。まことに申し訳ございません。

子どもの名前を書き間違えた

私の不注意のためにご不快な思いをさせてしまい、深くお詫び申し上げます。

保護者へのお願い

お願いするときのポイント

高圧的な言い方をしない

保護者に何かを伝えたり依頼したりするときは、保護者が園に協力したくなるような言い方を心がけましょう。保育者は保護者と一緒になって子どもの育ちを支えていきます。そのため、保護者との信頼関係は大事です。保育者が上から目線で高圧的な言い方をすると、保護者との信頼関係を築くことはできません。保護者が納得して、自分から協力したくなるような言い方をしましょう。

✕ お願いをするときのNG例

○ お願いをするときのOK例

保護者が忙しいことを前提に

保護者は働きながら子育てをしたり、あるいは家庭で家事や育児をしているため、みな多忙です。

そこで、忙しい保護者がすぐに理解し、具体的に何をすればよいかわかるような言い方や書き方がいっそう必要になります。何回も読み直さないと理解できない、何をしたらよいかわからない表現や言い回しでは、保護者は困ってしまいます。

園から保護者にお願いするさいは、園は保護者に何を求めているか、保護者は何をすればよいかがわかるように、明確で簡潔な表現や言い回しにしましょう。

保護者に非があると決めつけない

保護者と行き違いが生じたさいは、保護者に非があると決めつけないようにしましょう。行き違いは、相手だけではなく、自分が原因になって生じることもあるからです。自分の伝え方があいまいだったり、自分自身が誤解をしていたりすることもあります。

そのため、保護者が悪いに違いないという一方的に責めるような思考をしてしまうと、保護者との信頼関係を築くことはできなくなります。もしかしたら自分にも非があるかもしれない、という思考をもつことが大事です。

保護者が連絡なくお迎えの時間に遅れてきたら……

お迎えが遅れるときは
事前に連絡をいただかないと
困ります！

× NG例

行き違いでしたら申し訳ございません。
本日のお迎えの時間が変わることは
ご連絡いただいていましたでしょうか

○ OK例

お願いする理由を明確に伝える

保護者にお願いをするさいは、お願いをする理由もセットにするとよいでしょう。保護者が納得して、行動に移しやすくなるからです。

たとえば、子どもの足に適した靴に変えてはどうかというお願いをするさいは、「まゆちゃんの靴のサイズをご確認いただけますでしょうか。外遊びのときに走りづらそうですし、横幅がきつそうです。よろしくお願いいたします」のように、お願いする理由もセットで伝えるようにします。こうすることで、保護者も靴のサイズの確認をする理由がわかり、実際に行動しやすくなります。

保護者へのお願い

お願いのフレーズ集

保護者の行動やマナーに関するお願い

お迎え時間の変更について

お迎えの時間が変わる場合は、まゆちゃんが帰宅の準備をする時間が必要になりますので、あらかじめ変更時間を教えてくださいね。

POINT お願いとその理由をセットにして伝えましょう。

マスクの着用について

園内ではマスク着用をお願いしますね。暑い中で息苦しさも感じますよね。ですが、お母（父）様やまゆちゃんの健康のためにも、ご協力してくださると助かります。

POINT 保護者の気持ちに配慮した伝え方をしましょう。

自転車のマナー

登園時に自転車を使われるさいは、指定された場所に駐輪していただけると助かります。指定場所以外に駐輪されると危険ですので、ご協力をお願いできますでしょうか。

POINT ルールを守ってほしい理由をセットにして伝えましょう。

持参物に関するマナー

最近子どもたちの間でビー玉が大人気なんです。でも、誰のものかわからなくなるので、ご家庭で使用されているビー玉は園に持ち込まないでくださいね。

POINT なぜ禁止するのかという理由をセットにしましょう。

子どもに関するお願い

おむつに名前を書いてください

いつもご協力ありがとうございます。ゆうたくんのおむつなんですけど、お名前が書かれていないことがあります。紛失防止のためにも、お名前を記入してくださると助かります。

POINT お願いの前にお礼を言うのも好印象です。

タオル持参のお願い

明日はプール遊びがあります。まゆちゃんが体をふくためのタオルを、お名前を書いておもちくださいますでしょうか。大きさや色は、特に指定はありません。お手数をおかけしますが、ご用意くださいね。

POINT 保護者が疑問に思うことに先に答えるのもよいです。

園での怪我について

遊んでいるときに小さな怪我をすることがあります。すり傷やきり傷は流水で洗って、ばんそうこうを貼っています。怪我は口頭でご報告いたしますので、気になることがありましたらいつでも担任にご質問くださいね。

POINT 園の対応も伝えると信頼感が増します。

爪を切って清潔に！

爪が伸びると、爪と指の間にばい菌が繁殖しやすくなります。自宅でもゆうたくんの爪をこまめに確認して、爪を切っていただけると助かります。

POINT なぜその行動を求めるのか理由を伝えています。

朝食をしっかり食べよう！

園では、午前中に頭と体を使う活動をたくさんします。朝食をしっかり食べて登園すると、まゆちゃんも元気いっぱいに遊べると思います。ご無理のない範囲でかまいませんので、朝食を食べてから登園してくださいね。

POINT 子どものために必要であるという理由の伝え方もよいです。

PCR検査に関するお願い

まゆちゃんやご家族の方がPCR検査を受けることになった場合は、結果が陽性でも陰性でも、園にご連絡ください。ご不便をおかけしてすみませんが、結果がわかるまでは登園を控えてくださいますでしょうか。

POINT 保護者が何をすればよいかを明確に伝えましょう。

保護者へのねぎらい

ねぎらうときのポイント

「お疲れさまです」の気持ちをもつ

保護者に「お疲れさまです」の気持ちをもつことは、保護者に共感するということでもあります。保育者と保護者はともに子どもの育ちを支える盟友です。

保護者を責めたりとがめたりするのではなく、保護者に対して共感する気持ちをもつようにしましょう。保育者が保護者に共感することで、保護者もまた保育者に共感します。これが、双方が盟友となっていくことにつながっていくのです。

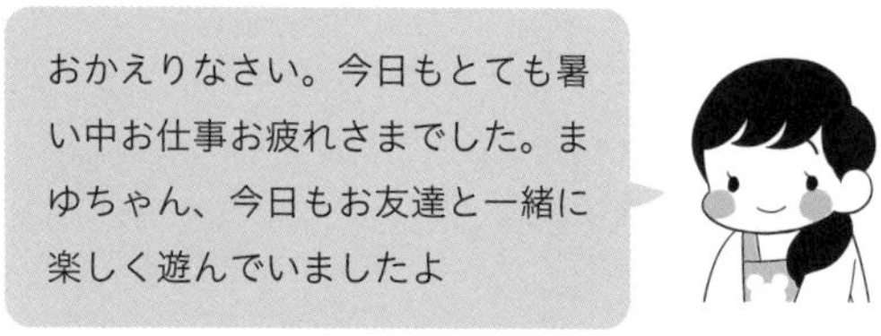

気遣いの一言を添える

保護者を思いやる気持ちを言葉にすることで、保護者からの信頼をグッと得ることができます。特に保育所では、多くの保護者は日中仕事をしてからお迎えに来ます。仕事で疲れていたり、仕事が原因で気分が落ち込んでいたりすることもあるでしょう。そうしたときに、ちょっとした気遣いの言葉を保護者に伝えることで、保護者と保育者の信頼関係がいっそう強くなっていきます。

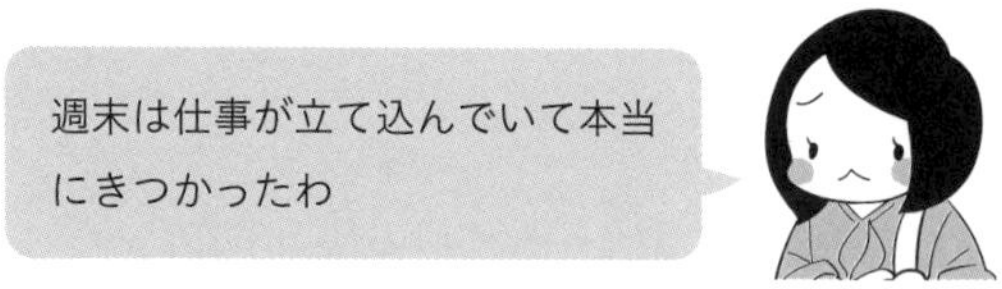

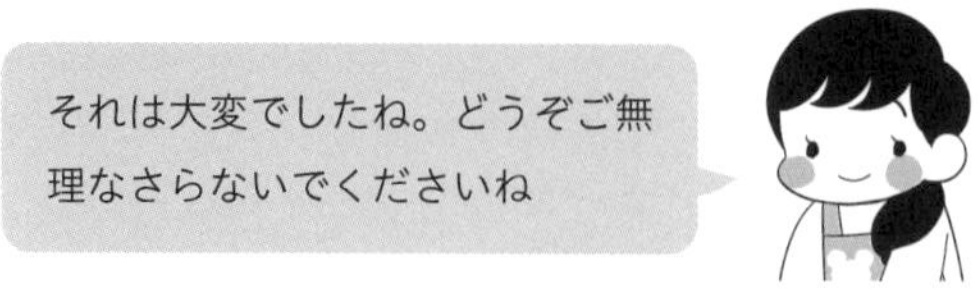

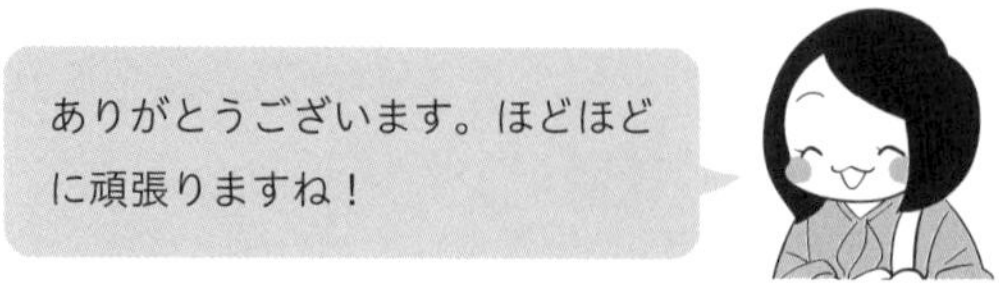

保護者へのねぎらい

ねぎらいのフレーズ集

体調がすぐれない保護者に

お体は大丈夫でしょうか。どうぞあまりご無理なさらないでくださいね。園が協力できることがあればいつでもご連絡ください。

POINT 園が協力する姿勢を示すと好印象です。

仕事が大変な保護者に

今日もとても暑かったですね。お仕事お疲れさまでした。あと少しで休日ですね。どうぞお休みの日はご静養してくださいね。

POINT 仕事の疲れをねぎらう一言が保護者の信頼感につながります。

雨天や降雪時の登園・降園

足元が悪い中のお迎え、ありがとうございます。悪天の中でのお迎えは本当に大変ですよね。帰り道もお気をつけてくださいね。

POINT 保護者の気持ちに配慮した表現をしましょう。

悩みをもつ保護者に

いつも園に協力していただきありがとうございます。もし困ったことがあれば、いつでもご相談くださいね。できるかぎりの協力をしていきます。

POINT 「もし」とつけることで柔らかな表現になります。

お迎えのときに

おかえりなさい。まゆちゃん、今日は粘土でとてもおもしろいものを作りましたよ。掲示してあるのでぜひご覧になってくださいね。

POINT 園内での子どもの様子を添えると好印象です。

休日前に

土日はご家族でどこかへ行かれますか。まゆちゃん、土日はご家族のみんなで過ごせることを楽しみにしていましたよ。

POINT 上記のように質問形式にしてもよいでしょう。

保護者への感謝

感謝を伝えるときのポイント

感謝の一言でコミュニケーションが円滑に

保護者に何かしてもらったときは、必ずお礼を言うようにしましょう。お礼を言われて不快になる人はいません。どのようなささいなことに対しても、きちんとお礼を伝えるという姿勢が、保護者との信頼関係を築くことにつながっていくのです。

お礼を言うさいは、「ありがとうございます」「お礼申し上げます」「感謝申し上げます」のように、状況に応じて表現を使い分けるとよいでしょう。お礼とはいえ状況に適さない表現を使うと、かえって保護者との信頼関係が築きにくくなってしまうからです。

保護者が知りたい情報を添える

保護者とのコミュニケーションを円滑にするためには、適切な表現や要点を明確にするのも大事ですが、そもそも保護者が知りたいことに答えることが大事です。保護者が興味のないことを丁寧に説明しても、円滑なコミュニケーションにはなりません。

たとえば、「今朝は朝食は全部食べたのですが、ずっと機嫌が悪いです。ちょっと心配なのですが、仕事を休むわけにもいかないので連れてきました。よろしくお願いします」と登園時に保護者から聞いていた場合は、お迎えのときに園内での子どもの様子を伝えるようにします。このように、保護者が知りたいことを把握して、それに答えることで会話のキャッチボールが進み、コミュニケーションが円滑になっていきます。

保護者への感謝

感謝を伝えるフレーズ集

運動会終了後に

運動会に参加してくださりありがとうございます。皆様の声援のおかげで、運動会がとても盛り上がりました。ありがとうございます。

POINT 「皆様の声援」のように具体的にすると好印象です。

保護者会の日に

ご多用のところ本日は保護者会にご参加くださりありがとうございます。皆様から意見を聞ける大事な時間ですので、とてもありがたく思います。

POINT 保護者の意見を尊重していることを伝えます。

素材を用意してもらったことに

このたびは、たくさんの新聞紙をご提供いただきありがとうございました。園での活動に使わせていただきます。ありがとうございました。

POINT 保護者の協力に感謝を伝えます。

保育者へのねぎらいに

嬉しいお言葉をありがとうございます。これからも精一杯まゆちゃんの成長を支えていきますので、どうぞよろしくお願いいたします。

POINT あまり固い表現で返答しないことがコツです。

保護者からの意見や要望に

このたびは貴重なご意見をありがとうございます。今後活用していきますので、どうぞこれからもご意見をいただければ幸いです。

POINT 保護者の意見を受け止めたことを伝えるようにします。

お願いに応えてくれたことに

いつも園の活動にご協力いただきお礼申し上げます。お迎え時間の変更の件、確かに賜りました。お忙しい中、ご連絡をありがとうございました。

POINT 保護者の立場に配慮した表現をすると好印象です。

登園・降園時

子どもを預かるとき・帰すときの話し方

送迎時の会話の基本

送迎時の会話は、保育の始まりと終わりを決める大切なコミュニケーションとなります。

1日の始まりである登園時は、子どもは自宅での生活から園での生活に切り替える時間となります。どのような気持ちで園に来たのかをよく見ながら、安心して1日をスタートできるような言葉かけを行いましょう。また、保護者から保育を行うさいに必要な情報も確認しましょう。

降園時は、1日の出来事を振り返り、子どもが明日も来たいと思うような言葉かけを行います。保護者には園での子どもの様子や連絡事項を簡潔に伝えましょう。

送迎時に使いたいおすすめフレーズ集

登園時

「おはようございます。だんだん涼しくなってきましたね」
「まゆちゃんの体調はいかがでしょうか」
「ご自宅での様子はいかがでしょうか」
「いってらっしゃい」

降園時

「おかえりなさい。お仕事お疲れさまでした」
「お困りのことなどありましたら、いつでもご相談くださいね」
「(雨や悪天候のとき) お気をつけてお帰りください」
「また明日もお待ちしていますね」

コミュニケーションのスタートは「挨拶」

「おはようございます」「こんにちは」「おかえりなさい」「さようなら」。挨拶は、コミュニケーションのスタート（きっかけ）となる大事な言葉です。

保育者からの気持ちのこもった挨拶によって、子どもは園での１日のスタートをしっかり意識することができます。保護者も安心して子どもを預けることができます。

挨拶は、相手にしっかりと聞こえる声で、相手の目を見て、気持ちをこめてするようにしましょう。また、挨拶からその日の天気や季節の話題につなげていくと会話が円滑に進みます。

挨拶から始まるコミュニケーション

おはようございます。まゆちゃん、おはよう。今日は肌寒いですね

おはようございます。そうですね、ここ数日は本当に冷えますよね

季節の変わり目は体調を崩しやすいので、お体にお気をつけくださいね

ありがとうございます。それでは今日もまゆをよろしくお願いします

保育に必要な情報を集める

送迎時は、保護者からさまざまな情報を得る機会となります。特に登園時は、自宅での子どもの様子や機嫌、体調や薬の使用の有無に関する情報を収集する大事な機会です。子どもの顔色や表情だけでなく、傷、発疹、目やに、鼻水、咳の有無も確認しましょう。子どもの様子がいつもと異なるときは、保護者から詳しい情報を聞き取り、その日の保育に生かすようにします。

収集したい主な情報

- ☑ 前日の夜や当日朝の子どもの様子や機嫌
- ☑ 体調に関すること（発熱、鼻水、下痢等の症状の有無）
- ☑ 排泄や食事の量に関すること（特に低月齢児）
- ☑ 怪我や傷に関すること（原因や経過も）
- ☑ 迎えの時間や迎えに来る人の変更

園での出来事や子どもの様子を伝える

降園時は、園での出来事や子どもの様子を保護者に伝えます。このとき、子どもの成長を感じることやその日の活躍がわかるようなエピソードを簡潔に伝えるとよいでしょう。降園時は１日の最後ですから、暗い、悲しい、落ち込むような話ではなく、前向きな話で終わるほうが保育者にとっても保護者にとっても気持ちがよい終わり方になるからです。

ただし、園で怪我をした場合は必ず口頭で伝えます。怪我の原因と園の対応について、謝意とともに伝える必要があります。

例：園での出来事について

運動会に向けて逆上がりの練習をしていますが、まゆちゃんはもう完璧にできるようになりましたよ

POINT 子どもの成長や活躍のような前向きな話をしましょう。

例：子どもの様子について

園庭で走っているときに転んですりむいてしまったので、消毒してから絆創膏をはってあります

POINT 怪我は連絡帳ではなく、必ず口頭で保護者に伝えるようにします。

送迎時の会話を子育て支援につなげる

どの保護者もはじめは、子どもを預けることに不安な気持ちをもっています。日々の保育者の言葉かけが安心して子どもを育てるという子育てへの支援につながっていきます。

お迎えのときには、園での健康状態の変化や子どもの様子を丁寧に伝えましょう。このような会話の積み重ねにより、保護者は自分の子どものことをよく見てくれていると感じられます。ともに子育てをしていくという姿勢も伝えることができるでしょう。

子育て支援につなげる３つのステップ

STEP 1
保護者の困りごとに気がつく
保護者の何気ない話の中から、悩みや困りごとを発見するようにします。

STEP 2
相談しやすい「空気」を作る
「〇〇で困っているようでしたら、いつでも相談してくださいね」と保護者が話しやすい雰囲気を作ります。

STEP 3
保護者とともに問題解決を目指す
保護者の困りごとに一緒に取り組むようにします。必要があれば関係機関を紹介するのもよいでしょう。

相談への対応

保護者からの相談があった場合、自分で判断して回答してよい（できる）ことなのか、それとも園長や主任と相談してから回答したほうがよいのかを最初に考えるようにしましょう。保育者からの回答が二転三転すると、保護者からの信頼がなくなってしまいます。適当に返事をする、その場を取り繕うような返事をすることはしてはいけません。

また、保育者が保護者の相談に答えを出す、答えを教えるというような姿勢ではなく、保護者と一緒に問題を解決するようにします。相談を解決する「過程」が大事ということです。そのために、保育参加や保育参観、面談や関係機関の紹介などのさまざまな方法を使うようにしましょう。

相談対応のポイント

▶相談を受け止めたことを伝える

まずは相談を受け止めたことが保護者に伝わるようにしましょう。

▶保護者の自己決定を尊重する

保護者自身が自己決定できるようなサポートをしていきましょう。

▶一般論や正論ではなく共感を

子どものための正論や一般論は、悩んでいる保護者を追い詰める場合もあります。

▶非言語的なコミュニケーションも大切に

うなずき、視線、声の高さ、アイコンタクトなどで寄り添う気持ちを伝えましょう。

即答するのが難しいときは

「ご質問ありがとうございます。園長と相談してからご回答させていただきます」のように、質問を受け止めたこと、回答するための時間が必要であることを伝えるようにしましょう。

電話連絡

電話連絡時の話し方

電話での話し方の基本

最近の園では、保護者との連絡は主に連絡帳やメール、アプリで行うことが増えてきました。これらのツールのメリットは、保護者がいつ見るかを決められることです。

しかし、子どもが怪我をしたり発熱したりしたさいは、電話で保護者に連絡をすることになります。すぐに保護者に知らせる必要がある場合、電話がもっとも早いからです。また、欠席の連絡やお迎えの時間の変更などで保護者から電話がかかってくることもあります。そのため、電話での話し方の基本を身につけておく必要があるのです。

電話で話すときのポイント

☑ **要件を明確にしてから電話する**

電話をする前に何を伝えたいのか明確にしておきましょう。

☑ **正しい言葉遣いをする**

友達に使うような言葉遣いや敬語の誤用は保護者からの信頼を失うことになります。

☑ **手元にメモ用紙とペンを置いてから電話する**

保護者との話の中でメモをとることもあるので、電話する前に用意しておきましょう。

☑ **相手が聞こえる声でハキハキ話す**

いつもより少しだけ高い声を使って話すとちょうどよいでしょう。

☑ **園名と自分の名前を最初に告げる**

急いでいるときは忘れがちです。園名と名前をセットにして最初に告げます。

☑ **早口にならないようにゆっくり話す**

電話越しの早口はとても聞き取りにくいので、ゆっくり話しましょう。

☑ **要件を簡潔に、最初に話す**

何について、何を伝えたいのかを最初に話しましょう。

☑ **相手の気持ちや表情を想像する**

相手の気持ちや表情を想像して、話す内容や話し方を調整しましょう。

伝える順番が重要

保育中に園から保護者に電話をかけるのは、嬉しい知らせを伝える場合よりも、子どもが怪我をしたり発熱したりしたという、好ましくないことを伝える場合がほとんどです。そのため、保護者も園から着信があると身構えます。

保育者に伝える内容を整理しないままあわてて電話をすると、保護者は電話でしか状況を把握できないため、保育者の声のトーンや表現からいっそう不安になってしまいます。保護者のこうした気持ちを想像して、何をどの順番で話すかをしっかり考えてから電話をするようにしましょう。

子どもの体調不良の伝え方例

要件

お仕事中に連絡をしてすみません。先ほど、まゆちゃんの体温を測ったところ38度でした。至急お迎えに来てくださいますでしょうか

「お仕事中に連絡をしてすみません」と最初に言うと、自分も落ち着きます。

対応

事務室のベッドで寝かせています。事務員がそばについて様子をしっかり見ています

保護者が安心するような対応を伝えましょう。

結果

私もまゆちゃんの様子を見に行きました。苦しそうだったりつらそうだったりする様子は今のところ見られません

保護者を安心させるような情報があれば伝えましょう。

今後

このまま寝かせておきますので、できるだけ早くお迎えに来てくださると、まゆちゃんも安心すると思います。よろしくお願いいたします

子どもの気持ちを代弁して伝えるのも保護者を動かすコツです。

子どもの怪我や体調不良を伝える

電話で子どもの怪我や体調不良を伝えるさいは、必要以上に保護者が不安にならないように配慮する必要があります。そのためには、何が起きたのか、それに対して園はどのような対応をしたのか、今後どうするのか、保護者に何をしてほしいのかを電話する前に整理してからはっきりと伝えるようにしましょう。

一方で、あまり安易なことを言うのも避けるべきです。たとえば、遊具から転落して頭部を打っている場合は精密検査が必要ですから、「大丈夫です」と安易に伝えることは避けましょう。

✕ 話し方のNG例

お昼ごはんの後に急に高熱が出てしまって、ちょっと様子もおかしくて、私もとても心配しています

POINT 園の対応がわからないと保護者はいっそう不安になります。

○ 話し方のOK例

昼食後に急な発熱があり、いま38度です。事務室のベッドで寝かせていて、事務員が看病しています

POINT 高熱ではなく38度と具体化し、そのうえで園の対応を伝えています。

保護者の不安を最小限に抑える話し方とは

☑ **はっきりと伝える**
おどおどした伝え方では保護者は不安になります。はっきりと伝えましょう。

☑ **具体的に伝える**
高熱ではなく38度のように、数字や詳しい説明を入れて具体的に伝えましょう。

☑ **園の対応を伝える**
園がどのような対応をしたのかをしっかり伝えることで保護者は安心します。

☑ **保護者がすべきことを明確に伝える**
保護者に何をしてほしいのかをはっきりと伝えましょう。

☑ **保護者からの質問にきちんと答える**
わからないことは「今はわからない」と正直に回答することも大切です。

☑ **祖父母に電話をするさいはいっそう丁寧に伝える**
いつもお迎えに来る保護者以外の方に緊急連絡をするさいは、いっそう丁寧に伝えます。

災害や事件発生時の緊急連絡

大きな災害や事件はそう頻繁に起きるものではないため、これらを保護者に伝えるさいは丁寧に、慎重に伝えるようにしましょう。保護者は電話の内容しかわからないため、伝え方を失敗すると必要以上に不安になってしまいます。

ポイントは、何が起きたのか、子どもは無事か、園はどのような対応をしたのか、園は今後どのような対応をするのか、保護者に何をしてほしいのか、です。この5つを電話する前に整理してから、はっきりと保護者に伝えるとよいでしょう。

災害発生時の避難に関する電話連絡の例

お仕事中にすみません。先ほど園の隣のビルで火災がありました。子どもたちは迅速に避難して怪我もなく、全員無事です。いまは園の近くの○○小学校の運動場に避難しています。できるだけ早めにお迎えに来ていただけますでしょうか

POINT

園の対応や子どもの様子をきちんと伝えることで保護者も安心します。

留守番電話にメッセージを残す場合

留守番電話にメッセージを残すさいは、メッセージを聞いた保護者が内容をきちんと理解できるようにすることが大事です。

忘れがちなのが、園名と名前です。要件を伝えることに気が向いてしまって、園名と名前を言い忘れることがしばしばあります。着信履歴の電話番号で園からの着信とわかることもありますが、誰からの電話かはわかりません。園名と名前を言い忘れないようにしましょう。

メッセージを残すときのポイント

① 園名と自分の名前を最初に伝えます。

② 何について、何を言いたいのかを伝えます。

③ 簡潔に、短く話します。

④ 保護者にしてほしいことを伝えます。

⑤「以上です。よろしくお願いいたします」で終わります。

メッセージ例

お世話になっております。○○保育園の山田です。なくされたと伺っていたまゆちゃんのリュックが見つかりました。明日の登園時にお渡しします。以上、よろしくお願いいたします。

電話連絡

電話連絡時の話し方例

子どもの怪我や体調不良

園がどのような対応をしたのか、子どもの様子はどうかを丁寧に伝えることで、保護者が不安にならずにすみます。

子どもの怪我①

園庭で遊んでいるときに転んでしまい、頭部を打撲したようです。目立った外傷はありませんし、まゆちゃんも元気です。ですが、頭部打撲のため念のため医療機関を受診したほうがよいので、お迎えに来てくださいますでしょうか。

子どもの怪我②

お友達と遊んでいるときに、一緒に転んでしまってねんざのような症状が見られます。看護師が応急手当をして、いまは事務室のベッドで安静にしています。最初は痛くて泣いていましたが、今は機嫌もよく、看護師と一緒に過ごしています。お迎えの時間を早めていただけますでしょうか。

子どもの体調不良①

登園後しばらくして元気がないので体温測定をしました。今 38 度あります。事務室のベッドで寝ています。汗をたくさんかいているので、事務員がこまめに水分補給をしています。できるだけ早くお迎えに来てくださいますでしょうか。

子どもの体調不良②

先ほどの昼食後に嘔吐がありました。今は看護師とともに事務室のベッドで安静にしています。機嫌はよいですが、可能なら本日は早退して、自宅で様子を見ていただきたいのですがいかがでしょうか。

※ P154-155 の文例では、「お世話になっております」等のあいさつ、園名と名前、最後の「よろしくお願いいたします」は省略しています。

災害や事件発生時

大きな災害や事件は滅多に起きることではないからこそ、保護者が不安にならないように状況を丁寧に説明しましょう。

火災発生時

園の近くで住宅火災があり、今も消防車やパトカーがたくさん見られます。そのため、園の東側の通りが通行止めになっています。自転車や車でお迎えのさいにこの通りをご利用されている場合は通ることができませんので、園の西側の通りをご利用くださいますようお願いいたします。

地震発生時

本日14時頃に発生した地震の影響で、本園の園児は○○小学校の体育館に避難しております。お子様は怪我もなく無事ですからご安心ください。つきましては、本日のお迎え場所は園ではなく○○小学校の体育館入口になりますので、お間違えのないようよろしくお願いいたします。

職員のコロナウイルス感染

本園の職員が新型コロナウイルス感染症に感染していることが判明いたしました。保健所の指導のもと、本園は○日まで休園することになります。急なご連絡でご迷惑をおかけいたしますが、本日はできるだけ早くお迎えに来てくださいますでしょうか。

台風の影響

お昼からの豪雨の影響で、園の前の通りに水があふれています。大変危険な状態でして、お子様と保護者様の安全を考えて、本日のお迎えは園の裏口からにいたします。こちらに来ていただけますでしょうか。

園周辺での事件発生時

先ほど、園の前の大通りで交通事故がありました。本園の子どもたちには怪我はありません。ですが、事故処理のためしばらく通行止めになります。自転車やお車でお子様のお迎えをされる場合は、園近隣の駐輪所や駐車場をご利用くださいますようお願いいたします。

不審者の目撃情報

ここ数日、園周辺で不審者の目撃情報が多数報告されています。園でも十分に注意しておりますが、お子様の送り迎えのさいにも十分にお気をつけくださいますようお願いいたします。また、保護者の皆様が不審者を目撃されたさいは園にご連絡くださいますよう、あわせてお願いいたします。

円滑なコミュニケーションのために

マスク越しでも伝わる感情表現

コロナ禍でのコミュニケーションの難しさ

これまでも保育者は保育中にマスクを着用することがありました。しかし、新型コロナウイルス感染症流行後は保育者が基本的にはマスクを着用しています。おそらく、コロナウイルス感染症が終息しても「保育中のマスク着用」は定着していくでしょう。

もちろん、保育中のマスク着用は感染症対策としてはよいことです。しかし、マスク着用によって顔の半分近くが隠れてしまい、保育者の表情がわかりにくくなるため、保護者や子どもとのコミュニケーションという点では課題が残ります。そのため、マスク着用時でも保育者の気持ちがきちんと伝わるようなコミュニケーションを心がける必要があります。

声のトーン、大きさ、スピード

マスク着用によって保育者の表情がわかりにくくなっている中で、自分の考えや気持ちをきちんと伝えるためには、声のトーン（高低）、大きさ、スピードを意識するとよいでしょう。保護者や子どもと会話をするさいは相手の反応を確かめつつ、この３つを相手に合わせていくとコミュニケーションが円滑になっていきます。

特に園内で会話するさいは、園のにぎやかさに加えて、マスクによって通常より声が聞き取りにくくなっています。いつもよりやや大きな声で話すくらいがちょうどよいでしょう。

マスク越しでも伝わる話し方とは

声のトーン（高低）	相手のトーンに合わせましょう。
声の大きさ	やや大きな声で話しましょう。
スピード	早口にならないように話しましょう。

アイコンタクトの重要性

「目は口ほどに物を言う」と言います。そのため、保護者と会話するさいは相手の目をしっかり見るようにしましょう。しっかりとアイコンタクトをしながら話すことで、マスク着用時でも気持ちを伝えやすくなります。

また、自分が伝えたい気持ちと目元の表情が合致するように意識しましょう。たとえば、嬉しい気持ちを伝えたいのなら、目元も笑っているようにします。マスクで表情がわかりにくくなるからこそ、アイコンタクトや目元の表情がいっそう大事になるのです。

身ぶり手ぶりを交えて話す

保護者と対面で話をするさいは、声のトーン、大きさ、スピードに加えて、身ぶり手ぶりも活用しましょう。たとえば、芋ほりで子どもが大きな芋を掘り出したときは、「こんなに大きなお芋をとってきたんですよ！」と伝えつつ、その大きさを身ぶり手ぶりで表現します。このように、話している内容と合致する身ぶり手ぶりを使うことで、自分が伝えたいことが保護者に伝わりやすくなります。

適度なあいづちを入れる

会話中に適度なあいづちを入れることで、話し手に「自分は話の内容を理解している」ということを伝えることができます。あいづちを入れるときは、単にうなずくだけではなく、「そうなんですね」「なるほど」「へー！」のような言葉を入れるとよいでしょう。

もちろん、あまり大げさなあいづちはコミュニケーションの妨げになりますから、話の節目に適度なあいづちを入れるようにしましょう。また、自分が話し手のときは、聞き手のあいづちをしっかり見て、反応を確かめながら話を進めるようにしましょう。

信頼される聞き方の基本7のルール

相手の話をきちんと理解する聞き方を身につけることで、保護者や同僚と円滑なコミュニケーションができるようになります。

ルール1 うなずきとあいづちを適度に

保護者や同僚の話を聞くさいは、うなずきやあいづちを適度に入れるようにしましょう。うなずきやあいづちは、話を聞いていますよ、理解していますよ、もっと話してください、というメッセージです。そのため、うなずきやあいづちを入れることで、コミュニケーションが円滑になります。うなずくさいは、相手の目を見てうなずくようにします。

また、あいづちには「確かにそうですよね」「それは大変でしたね」「お気持ちわかります」のような定型的なあいづちと、保護者や同僚が話の中で使った言葉を繰り返すあいづちがあります。言葉を繰り返すときは、ポイントになる言葉を選んで繰り返します。うなずきやあいづちを適度に使って、円滑なコミュニケーションを心がけましょう。

ルール 2 メモをとりながら聞く

メモをとりながら話を聞く姿勢を見せることで、保護者も同僚もきちんと話を聞いてくれていると感じます。また、聞き手としても、特に日時やお金のような数字が出てくる話はきちんとメモをとっておかないと忘れたり勘違いしたりして、後からトラブルのもとになります。そうした事態を避けるため、話を聞くときはメモをとるようにしましょう。

ただし、メモをとることに夢中になってしまい、話を聞くことがおろそかにならないように気をつけましょう。

こんなときはメモをとろう

- ☑ 日時や金額などの大事な数字が関わるとき
- ☑ 自分が言いたいことを整理するとき
- ☑ 自分が感じたことや気がついたことを残しておきたいとき
- ☑ 保護者が要望や不満を話しているとき
- ☑ 保護者や先輩保育者から頼まれごとをしたとき
- ☑ 連絡帳や保育記録のネタが見つかったとき

ルール 3 聞いたあとに依頼事項などを再確認する

保護者や同僚の頼みごとや依頼を再確認したり、大事なことをもう一度繰り返したりすることで、聞き間違いや誤解を避けることができます。たとえば、保護者から「今日は14時に迎えに来ますね」と聞いたとしましょう。このとき、「はい、わかりました」で終わるのではなく、「はい、14時にお迎えですね。わかりました」のように、「14時」という時間をもう一度繰り返すようにします。そうすることで、保育者は大事なことを確認でき、保護者も言いたいことが伝わった安心感を得ることができます。

保護者から要望があった場合の例

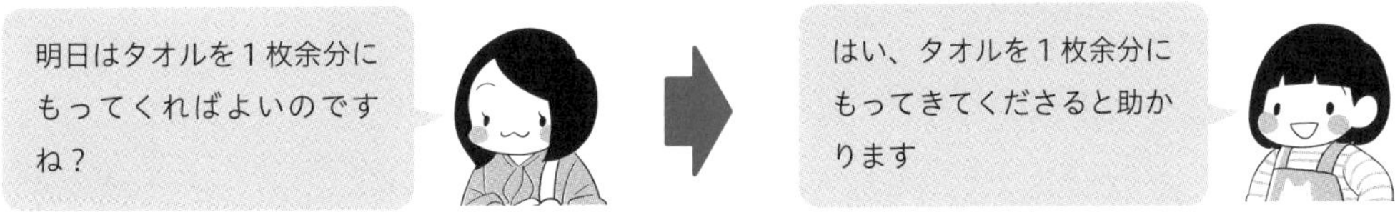

ルール4 安うけあいをしない

保護者からの要望や意見に対して、安うけあいをしないようにしましょう。保育者が「できます」「大丈夫です」と回答したのに実際はできないとなると、保護者は園や保育者に対して不信感をもつようになります。

園はさまざまなことが絡み合って運営されていますから、すぐに返事や回答ができないことや、ひとりの保育者だけで決められないことも多くあります。「あらためてお返事します」「園長と相談のうえお返事いたします」のように答えることで、安うけあいをしないように心がけましょう。

× 答え方のNG例

○ 答え方のOK例

ルール5 聞くときの体の向きに注意

保護者や同僚の話を聞くさいは、話し手のほうに体を向けましょう。こうすることで、聞き手は話をしっかり聞いているというメッセージを送ることができますし、話し手は自分の話をきちんと聞いてくれているという安心感を得ることができます。

また、体は話し手とは違う方を向いて、顔だけ話し手のほうを向いて話を聞くようなことはやめましょう。話し手にとても不快感を与えてしまいます。話を聞くさいは、話し手のほうに体を向けて、目を見て話を聞くようにしましょう。

顔だけでなく体も
相手のほうに向ける

ルール 6 「なるほど」で返さない

保護者や同僚の話を聞くさいは、話をしっかり聞いているというメッセージを送り続けることが大事です。それが、保護者や同僚の信頼を得ることにつながるからです。

特に気をつけたいのが、いい加減な受け答えや気のない返事である「生返事」です。「なるほど」「はいはい」「そうなんですよ」「うんうん」のような生返事をすると、話し手に不快感を与えるだけではなく、聞き手自身も話の内容を聞き間違えたり誤解したりしやすくなります。生返事ではなく、話の内容を再確認したり、大事なことをもう一度繰り返したりすること（ルール3）を心がけましょう。

あいづちのNGワード例

- ☑「なるほど」
  上から目線の反応と感じられることがあります。
- ☑「はいはい」
  「はい」は一度だけ。「はいはい」は話し手に不快感を与えます。
- ☑「そうなんですよ」
  「確かにそのとおりですね」と丁寧に回答しましょう。
- ☑「うんうん」
  話し手をバカにしているように感じられます。

ルール 7 聞いたことを次につなげる

保護者から聞いた話を覚えておき、折に触れて保護者に確認したり再度伝えたりしましょう。保護者は「自分が話したことをちゃんと覚えていてくれたんだ」ととても嬉しくなり、ますます保育者を信頼するようになります。

ただ、これはテクニックではありません。保護者の気持ちや立場を大切に思う気持ちを保育者がもっているかどうかが問われます。みなさんも大事な人との会話はよく覚えていますよね。同じように、保護者のことを大切に思っているかどうか、それが問われているのです。

まゆはにんじんが苦手で、家でも食べさせるのに苦労してるんですよ

それは大変ですよね。園でも食事のさいは様子を見ておきますね

後日

そういえば、今日のお昼はにんじんを全部食べていました！　にんじんしりしりは大好きなようです

そうなんですね！　ありがとうございます。自宅でもにんじんしりを作ってみます！

子どもへの言葉かけのポイント

保育者の言葉は子どもに大きな影響を与えます。言葉かけの仕方を工夫することで、子どもの育ちをよりしっかりと支えることができます。

言葉かけとは

もやもやした自分の気持ちをうまく表現できないとき。こうしたいのにできない！　というとき。「ごめんね」とお友達に言いたいけど言えないとき。保育者が子どもに言葉をかける場面はたくさんあります。

それぞれの場面に適した言葉を、子どもの気持ちに寄り添って、子どもの気持ちを想像して発すること。これが、保育での言葉かけです。単に言葉をかけることではありません。保育者の言葉は、子どもの気持ちや思いにさまざまな影響を与えます。だからこそ、保育者の言葉かけは大事なのです。

言葉かけも援助のひとつ

適切な言葉かけをするためには、３つコツがあります。「どのタイミングで」「どのようなことを」「どの程度」言うかを、子どもの気持ちになって考えてみることです。この３つはいずれも、保育者の立場ではなく、子どもの立場から想像して考えることが大切です。

言葉かけはすればよいのではありません。今は言葉をかけないという判断も、ときには大切です。たくさんの言葉をかければよいわけでもありません。たった一言だからこそ、子どもにグッと響くこともあります。子どもの気持ちを想像して、３つのコツを意識した言葉かけを心がけましょう。

適切な言葉かけのポイント

①どのタイミングで
②どのようなことを
③どの程度　言うか

言葉かけによる援助の例

ゆうたくん、このブロックを貸してって言いたかったのかな？

うん。黒いブロックで剣を作ろうと思ってたんだよ

そうか。そういうときは「貸して」って言うといいよ

子どもの主体性を大切にする

子どもに言葉をかけるときには、子どもの気持ちを理解し受け止めていきます。受け止めるさいに大切にすることは、子どもの主体性です。大人である私たちも一人ひとり個性があり、得意なことや苦手なことがあるように、子どもたちも一人ひとりが違う個性や思いをもっています。その個性や思いを尊重して、子どもがやってみたいと思うことを主体的に選んでいけるような言葉をかけましょう。子どもが自分で考えて決めたと感じられるような言葉かけをしていくとよいでしょう。

子どもの主体性を伸ばすコツとは？

- **必要性**
- **意欲・やる気**
- **方法・やり方**

この３つのポイントが揃うことで、子どもは主体的な行動ができるようになります。

指示的、命令的な言葉はNG!

「手を洗いなさい」のような指示的、命令的な言葉は、「保育者の言うことに従いなさい」というメッセージを言葉とともに伝え、子どもの主体性を奪うことになります。指示や命令ではなく提案、代弁を心がけましょう。

子どもの気持ちを代弁する

保育者の言葉かけでは、子どもの気持ちを代弁することも大事です。本当は貸したくない、本当はいやだと言いたい、でも言えない。こうした子どもの気持ち、特に葛藤を見極めて、保育者がその気持ちを言葉で代弁するようにしましょう。

そうすることで、子どもは自分の気持ちを理解してくれる人がいることや、自分の気持ちがどのような言葉になるのか理解し、言葉を通した他者との関わり方を学んでいきます。

応答的な関わりとしての言葉かけ

保育者は子どもに意図をもって言葉かけを行いますが、一度言葉をかけたら終わりではありません。保育者からの言葉かけに対して、子どもは言葉を返したり、自分の思いを話したりします。

保育者は子どもの言葉や話に耳を傾け、それに応えることでやりとりが続いていきます。これが「応答的なコミュニケーション」です。保育者との応答的なコミュニケーションの経験から、子どもは他者と対話することのおもしろさやそのやり方を学んでいくのです。

言葉での「応答」とは？

先生、みてみて！　ダンゴムシつかまえた。砂場のはしっこにいたんだよ！

ゆうたくん、だんごむしつかまえたんだね。まるまってて、かわいいね

でしょ！　こうやって、手を伸ばしてとったんだよ！

POINT　子どもの言葉を繰り返すことで、気持ちを受け止めたことを伝えられます。

子どものお手本として

子どもへの言葉かけを通して、保育者が言葉の使い方のお手本になりましょう。保育者の言葉は子どもに大きな影響を及ぼします。

子どもは保育者の使う言葉をよく聞いていますし、その言葉を覚えて使うようになります。「語彙爆発」の時期になれば、猛スピードで言葉を覚えていきます。だからこそ、保育者は正しい言葉遣いや適切な表現をする必要があるのです。

お手本となる言葉かけのポイント

☑ **普段から丁寧な言葉を使う**

日頃使っている言葉が保育に出ることがあります。「マジ」「ガチ」のような言葉ではなく、丁寧な言葉を日頃から使うようにしましょう。

☑ **ゆっくり、はっきり話す**

言葉かけは、ゆっくり、はっきりがポイントです。早口で話すと子どもは理解できませんし、攻撃的な雰囲気を感じてしまいます。

子どもの発達に応じた言葉かけ

子どもに対する関わりが、しつけになるか、押しつけになるかは、子どもの発達に即した関わりになっているかどうかが１つのポイントです。そのため、発達に関する知識を言葉かけに生かしていくようにしましょう。

たとえば、おおむね５歳頃には自分たちでルールを作ったりけんかを解決したりするようになります。そこで、保育者は「みんなでお約束を決めておく？」のように子どもたちでルールを決めるような言葉かけをしたり、けんかになったときに「どうすればいいかな？」のようにどうやって解決すればよいかを考えるような言葉かけをしたりするとよいでしょう。

このように、発達の知識を言葉かけに活かしていくことで、言葉かけを通して子どもの育ちを支えていくことができます。もちろん、子どもの発達には個人差がありますから、子どもの今の姿に即した言葉かけを大切にしましょう。

発達に応じた言葉かけのポイント

☑ **０歳児への言葉かけ**

泣き、表情、動き、喃語で欲求を表現します。一つひとつ応答し、ゆっくり優しく話しかけましょう。

☑ **１歳以上３歳未満児への言葉かけ**

自我が芽生え、自己主張が強くなります。子どもの葛藤を汲み取り言葉かけをしましょう。

☑ **３歳児への言葉かけ**

依存から自立へと移行する時期。「自分で考える」経験ができるような言葉かけをしましょう。

☑ **４歳児への言葉かけ**

仲間意識が芽生え、協調性の育つ時期。子どもたち同士で考えられるような言葉かけをしましょう。

☑ **５歳児への言葉かけ**

共通の目的に向かって遊ぶようになります。ルールや目的を確認するような声かけをしましょう。

子どもへの言葉かけ

子どもを育むフレーズ集

登園時のあいさつ

ゆうたくん、おはよう！　まゆちゃんがゆうたくんと遊びたいなって待ってたよ。どんな遊びなんだろうね。

POINT 今日１日を楽しく過ごせるような言葉かけをしましょう。

時間になっても遊びたい

砂遊び楽しかったね。たくさんバケツのお山できたね。ごはん食べたらお山づくりの続きしようね。バケツのおかたづけはできるかな？

POINT やりたい気持ちを受け止め、続きがあることを伝えましょう。

一緒に遊びたい子を仲間に入れない

まゆちゃんもみんなと「ぶたのしっぽ」をやりたいんだって。（話を聞いて）そうか、今途中なんだね。じゃあ１回終わったら一緒に遊べる？

POINT 仲間に入れたくない子どもの気持ちもしっかり聞きましょう。

食事（乳児向け）

ゆうたくん、ごはん食べられたかな？（残っているか確認して）お茶碗がぴかぴかになったね。お味噌汁もあと少しだからぴかぴかにしようか。

POINT 「ぴかぴか」のような言葉は乳児にも伝わりやすいです。

食事（幼児向け）

まゆちゃん、にんじん苦手？　食べてみたら甘くておいしいかもよ。（食べたくなさそうな場合）小さく切って、一口だけ食べてみようか？

POINT 苦手な食べ物も少しずつ食べられるような言葉かけを。

着替え

ゆうたくん、先生と一緒にお着替えやってみようね。（できたら）自分でお着替えできたね。最後に、ここのボタンをパチンってとめられるかな？

POINT 子どもの頑張りを認め、次に行うことを具体的に伝えます。

かたづけ（乳児向け）

このブロック、まゆちゃんも一緒におかたづけしてくれるかな？（おもちゃ箱に入れてくれたら）ありがとう。あっちにも１個あるからとってくれるかな？

POINT かたづけてほしいおもちゃの場所を具体的に伝えましょう。

かたづけ（４・５歳児向け）

お散歩に行くので（時計を指差し）長い針が６に止まるまでにお部屋のおかたづけをお願いします。ゆうたくんたちは積み木のおかたづけをしてくれる？

POINT 友達同士で協力できるような言葉かけをしましょう。

午睡

(横にならない子どもに)お布団にごろんってしようか。さっきまでいっぱい遊んだから、お昼寝してからまたたくさん遊ぼうね。

POINT 無理強いせず、午睡後にたくさん遊べることを伝えましょう。

トイレトレーニング中に

まゆちゃん、おしっこでるかな？　おまるに座ってみる？　先生と一緒にくまさんのおまるを見に行ってみようか。

POINT 無理強いではなく、「誘う」言葉かけがポイントです。

トイレットペーパーの使い方

トイレットペーペーを３回くるくるって巻いたら、きゅっと引っ張って切ってみて。そうそう。上手に切れたね。それをこうやってもってふくよ。

POINT 巻く回数や切り方を具体的に伝えると理解しやすくなります。

友だちのおもちゃを取ってしまった

ゆうたくん、このおもちゃはまゆちゃんが使ってたんだよ。（まゆちゃんを見て）まゆちゃん、悲しそうな顔してるね。「貸して」って言えたらよかったね。

POINT 相手の気持ちに気づくような言葉かけをしましょう。

入りたい遊びに入れない

ゆうたくんもバナナ鬼したいのかな？（本人の意志を確認できたら）じゃあ先生と一緒に「入れて」って言ってみようか。

POINT 子どもの気持ちを代弁する言葉かけをしましょう。

降園時

今日は積み木で大きなおうちができました！　みんなが協力するとこんなに素敵なものができるんだね。明日も続きをしてみようか。

POINT １日を振り返り、明日の園生活への期待感を高めましょう。

Column

保育現場のコミュニケーションにまつわる悩みを解決！

新人のうちはさまざまなことに悩みます。特に、保護者や同僚とのコミュニケーションに関する悩みは多くあります。ここでは、よくある悩みとその解決策をまとめました。

悩み 1

文章を書くのにとても時間がかかります

解決

文章を書く前に構成を考えましょう

文章を書く前に、何が言いたいのか、どう書くと読み手にわかりやすいかという構成をしっかり考えてみましょう。文章を書くのに時間がかかるのは、何をどう書くかを考えながら書こうとするからです。家を建てる前に設計図を作るように、文章を書く前には構成を考える癖をつけると短時間で書けるようになります。

悩み 2

つい、今どき言葉を使ってしまいます……

解決

「間」を上手に使いましょう

話したり書いたりする前に「間」を設けるとよいでしょう。こうすることで、考えてから話したり書いたりすることができますし、早口になるのを防ぐこともできます。「秒で終わります」「ガチできついです」のような言い方をすれば、保護者からも同僚からも信頼を失うことになります。「つい」「うっかり」今どき言葉を使ってしまわないように、「間」を上手に使いましょう。

悩み 3 苦手な保護者とうまくコミュニケーションがとれません

解決

保護者のよさを探してみましょう

苦手だと思う保護者のよさを探してみてください。物事には常に両面あります。じっくり考えてから行動する人のことを、「丁寧」「慎重」とも言える一方で、「細かすぎる」「行動が遅い」とも言えます。苦手だと思うほど苦手になります。苦手意識をもつのではなく、保護者のよさを探すようにしましょう。

悩み 4 文章を書くことが苦手です

解決

ネタがストックできているか確認しましょう

文章を書くことが苦手という保育者の多くは、文章を書くことが苦手なのではなく、書くことがない、つまりネタがなくて書けないということがほとんどです。連絡帳でも保育記録でも書くこと（書くに値すること）がなければ、どれほど立派な文章力があっても何も書けません。文章を書くことが苦手だと思う前に、そもそもネタをストックできているかという視点から自分を見直してみましょう。

悩み 5 保護者に認めてもらえていない気がする

解決

信頼関係の構築には時間がかかります

保護者との信頼関係を築くためには時間がかかります。みなさんの友人もたくさんの時間を共有していく中でできたのではないでしょうか。

同じように、保護者から信頼を得るためには、時間がかかります。急がないで、焦らないで、あわてないで、じっくり保護者と向き合ってください。そうした時間の累積が保護者との信頼関係につながっていくのです。

悩み 6 言いたいことがうまく表現できない

解決

文例集を使ってさまざまな表現を覚えましょう

言いたいことを適切に伝えるためには、多くの言葉（表現、言い回し）を覚える必要があります。言葉の数が限られていると、言いたいことを適切に伝えることができません。そこで、保育のさまざまな場面や状況に即した文例を覚えるとよいでしょう。本書にもたくさんの文例が掲載されています。こうした文例を頭の中にストックしておけば、自分が言いたいことを言葉にしやすくなります。

悩み 7　仕事が遅くて、やり直しが多い

解決

仕事に取りかかる前に段取りを考えましょう

仕事に取りかかる前に、どのようなことを、どのような順番で片づけていくかという段取りを考えるようにしましょう。段取りを考えずに見切り発車すると、手戻り、抜け、漏れが多数出てきて、結局、仕事をやり直すことになってしまいます。いきなり作業を始めるのではなく、まずは仕事全体の段取りを考える時間をとるようにするのがポイントです。

悩み 8　自分の判断に自信がもてない

解決

判断の根拠を明確にしておきましょう

自分の判断の根拠がしっかりしていればよいと割り切ってください。保育に唯一の正解はありません。あとから考えると、自分が下した判断より優れた判断もあり得たかもしれません。ですが、あとからはなんとでも言えるものです。

自分が判断したさいにどのような根拠をもって判断したのかをはっきりさせておくようにしましょう。そうすることで、自分の判断を振り返り、改善点を発見しやすくなります。

Interview

先輩保育士インタビュー

保育士、こども園園長を経て、現在は岡山県の玉野市教育委員会に勤める石田亜古さん。保育の現場に携わってきた経験から、保育にとって大切なことを語っていただきました。

子どもと同じ目線で考える

──教育委員会就学前教育課ではどんな仕事をされているのですか？

石田さん（以下、敬称略）　おもに、玉野市内にある公立・私立の11園の保育指導や、園と行政をつなぐ仕事をしています。特に1年目から3年目までの新規採用職員の育成に力を入れており、1人当たり月1回のペースで保育指導を行っています。事前に指導案を提出してもらって、実践保育観察をしたあと、当日の保育について30分程度、一緒に保育の振り返りをしています。

──石田さん自身も保育士を経験されていますが、新人時代の苦い経験はありますか？

石田　子どもに怪我をさせてしまったとき、自分ではそこまで重大なことだと思っていなかったのでお迎えに来られた保護者に「今日、園庭で遊んでいてちょっと転んじゃったんですよ」と伝えたのですが、その言い方が軽すぎるとお叱りを受けたことがありました。三輪車で転んでひざを擦りむいた怪我だったのですが、保護者からすれば怪我をした状況もわかりませんし、保護者にとって子どもは宝物ですから。

──子どもの怪我や体調不良は、具体的な情報をもらえないと不安になるかもしれませんね。

石田　子どもの命を預かっているという意識を新人の頃はあまり感じていなかったのかなと。保育の現場で年数を重ねるにつれて、命を預かっていることを自覚して、子どもを預かったときの状態で降園させることを心がけるようになりました。髪の長い子ならお昼寝のあとに髪をといて、赤ちゃんならお迎えにきたお母さんにギューッと抱きしめてもらえるよう、食事で汚れた衣服を着替えて。新人保育士さんにも、朝、お預かりしたときと同じ状態で、怪我や体調の確認をして降園できるように伝えています。

──それは素晴らしいですね。ほかに、新人保育士がつまずきがちな点はどこでしょうか。

石田　新人保育士さんは子どもを言葉で動かそうとするところです。指導者的な立場になり、子どもと同じ目線で考えようとしなくなるということですね。子どもは保育士の言葉と動作をお手本にして、それを毎日繰り返し見聞きすることで学ぶので、体もしっかり動かして、指導に当たってほしいです。

──書き物に追われて、他のことまで手が回らないという話も聞きます。

石田　自治体によって様式はまちまちですが、書き物が非常に多いのは確かです。書き物を少なくすることが働き方や事務の改善にもなると考え、玉野市は今年度中にICTを導入する予定です。ただ保育士には、仕事が楽になるというよりも、子どもと向き合う時間が増えた、翌日の活動の準備がしっかりできるようになった、というふうに捉えてほしいです。今まで書き物に使っていた時間を、少しでも子どもに向けてほしいですね。

――ICTやアプリの導入で書き物による負担は軽減されつつありますが、どう書けばいいのかという新人保育士の根本的な悩みは解決できていないように思います。

石田　私が現場で保育をしていた頃は保育士が子ども全体を見守る指導者のような感じでしたが、今は子どもと一緒に遊んで、子どもが何に興味や関心があるのかを読み取ることが大切だと思います。

――文章力はあまり関係がないということでしょうか。

石田　まずは、あったこと、見たことなど、事実そのままを言葉にする力は必要だと思います。指導案の文章力に関しては、園長先生によって視点が違うので難しいところです。私は子どもの遊びが継続したり発展したりできるように、おおよその目安で書いてもらい、実際の保育を終えてから子どもが実際に行った活動を追記するようにしています。最初から細かい案を立てると、その案のとおりに保育を進めがちになってしまい、子どもの発想をつぶしてしまうこともあるので。

――文章と対面のどちらのコミュニケーションでも、保護者と信頼関係を築けているかどうかが重要ですよね。石田さんは信頼関係を築くうえで何が重要だと考えていますか？

石田　子どもが毎日楽しく園に通っていれば、保護者は担任の保育士や他の保育士に対しても安心感をもてると思うので、結果的に信頼を得ることにつながるのではないでしょうか。子どもはみんな同じように成長するわけではないので、直接話したりICTを使ったりして、丁寧に継続して子どものよさ、成長を保護者に伝えていくことも大切だと思います。

つらいときは初心を思い出して

――書き方や話し方はもちろん、職場の人間関係に悩む新人保育士も多いと聞きます。

石田　新人さんは「こんなことを言ってもいいのかな」と思った時点でたぶん胸の内に秘めてしまうと思います。「こんなこと」と思っても、とりあえず一番身近にいる保育士や年齢の近い保育士、学年の保育士に話してみるといいと思います。態度だけで示すと不安そうに見えてしまうので、言葉にしたほうがいいですね。「あの先生は忙しそうだから言えないな」となると相談できなくなってしまうので、新人保育士を受け入れる側の保育士たちの考え方も重要かなと。

――読者の方に向けてメッセージをお願いします。

石田　たくさんの職業の中から保育士を選んだわけですから、つらいことがあっても保育士になりたいと思ったときの夢や希望、そのときの気持ちを忘れずにいてほしいです。子どもの成長を一番長く近くで見られるのが保育士なので、その楽しさを噛みしめながら、保育士という仕事に誇りをもってほしいですね。もうひとつは保護者から成長を見る喜びを奪わないでほしいということ。たとえば子どもが初めてつかまり立ちから一歩踏み出したときなど、お迎えに来られた保護者に「今日歩けたんですよ」と伝えるのではなく、私は「もうそろそろ歩けるかもしれませんよ」と、少し関心をもってもらえる程度にお伝えするようにしています。子育ての喜びを保護者から奪ってしまわないように、言葉かけに気を配ってほしいと思います。初めて歩いたりトイレでおしっこできたりといった場面は、家より生活する時間が長い園で起こりやすいと思いますから。保護者が我が子の成長に喜びを感じることができるような、対応や支援を心がけてほしいですね。

石《いし》田《だ》 亜《あ》古《こ》

短大卒業後、玉野市の臨時保育士として勤務し、正式採用後は市内の保育園に勤務。2014年より６年間、社会福祉部子育て支援課、教育委員会就学前教育課に勤務。2020年より認定こども園で勤務。2021年より認定こども園長として勤務。2022年より教育委員会就学前教育課で勤務。

Interview

現役保育士インタビュー

保育士になる夢を実現した中村さんと秦さんは、高校時代からの友人同士。現役保育士の目線から、保育の現場で得た気づきや大変さ、心構えなどを伺いました。

連絡帳に苦戦した新人時代

――お２人が保育士を目指したきっかけを聞かせてください。

中村さん（以下、敬称略）　幼稚園に通っていた頃、園の先生がすごく好きで、ずっと憧れがあって。母が保育士資格をもっていることもありますし、私も小さい子が好きなので、保育関係の仕事をしてみたいと思っていました。

秦　私は自分の兄弟もいとこも年下の子が多くて、その子たちの面倒をみているとお母さんが「上手だね」と言ってくれるのが嬉しくて。その後、中学校の職場体験で保育園へ行ったときに楽しいと感じて、そこから保育士になりたいと思い始めました。

――保育士になられて２年目とのことですが、１年目に苦労したことは何でしたか？

中村　１歳児クラスを受けもっていたのですが、連絡帳に子どもの楽しそうでかわいい様子や頑張っていた様子を書きたい気持ちはすごくあるのに、小さな欄にどう書けばいいのかわからなくて。その場で感じた気持ちをどう文章で表現すれば保護者がイメージしやすいのか、考えてもうまく書けませんでした。

秦　今でも子どもたちのかわいらしいエピソードをどう伝えるかは難しいと感じます。考えているうちに時間がなくなってしまって。

――その悩みをどう乗り越えたのですか？

中村　当時はベテランの先生がついてくれていたので、その先生の連絡帳を読み返して、どうすればうまくやり取りできるのかを学んで。「この書き方は上手だな」と刺激を受けました。

秦　子どもが面白い顔をしたときには、面白い顔の絵文字を使って、保護者にうまく伝えられるように努力しました。保護者によっては家でのエピソードをたくさん書いてこられる方もいますけど、少しでも私の書いたことにお返事をくださるようになると嬉しいですね。私がお返事を書くときは、どう書けば保護者が嬉しくなるのかを考えるようにしています。

悩んだときは先輩たちを頼っていい

――書き物について、意識されていたことはありますか？

中村　私は手書きが好きなので、クラスだよりはパソコンか手書きを選べるのですが、全部手書きで作成しています。幼稚園に通っていた頃に先生の字が好きだったので、その感覚が今も残っているのかもしれません。

秦　私はパソコンで作っていますが、最近はこういう遊びが好きだとか友達と一緒に遊ぶようになってきたとか、そういうクラスの様子をたくさん載せるようにしています。写真もできるだけいっぱい載せていますね。

――対面のコミュニケーションについて、１年目の頃に大変だったことはありますか？

秦　初めて子どもをお預かりしたりお返ししたりするときは、ベテランの先生と一緒に出て、まず先生に手本を見せていただきました。私も同じようにやってみたのですが、緊張しすぎて保護者の方が笑ってしまうくらいで……。保護者の方のほうが「大丈夫だよ」と親目線になっていましたね。

中村　新人とはいえ保護者からすれば先生なので、しっかりした受け答えをしないといけないと意識しすぎて、すごく緊張してしまいました。

──克服したきっかけは何だったのでしょう。

中村　自分が硬くなっているから話し方も硬くなっちゃうんだろうな、というのは他の先生たちの話を聞いて感じていたんです。それが、「この子の話をしたらフランクに話せた」みたいなきっかけがあって、そんなに硬くなる必要はないんだと気づいたんです。今思うと、自分の意識の問題だったのかなと。

──保護者と話すときに気をつけていることはありますか？

中村　お迎えに来られたときは明るく楽しく1日を終えてほしいので、声と表情は大事にしています。自分のクラスの保護者であれば、保護者の方と2人で話していると子どもが飽きて「早く帰ろう」となってしまうので、その子も交えて話をしてからお返しするようにしています。

秦　私は話すことがあまり得意ではないので、毎回「こう言えばよかったかな、こう言えば伝わったかな」と反省しています。ベテランの先生は表情や声のトーンを上手く使って楽しそうに話すので、余裕があるときは先生が話す様子を見て勉強しています。

──子どもと仲良くなるコツは何でしょう。

秦　子どもの目線に合わせるのが大切だと思います。立って話すよりはしゃがんで目線を合わせて話をしたほうがいいかなと。

中村　最初は子どもからしても「誰、この人？」という感じなので、目線を意識したり遊びに混ざってみたり。お昼寝のときもすぐ書類に取りかかるんじゃなく、トントンしてくれる先生のほうがいいかなと思います。順番に、少しずつでいいから全員をトントンして回りたいですね。

──他の先生との関係を円滑にするために気をつけていることはありますか？

中村　新人だというのは誰が見てもわかりますし、頑張っているところを見せるに越したことはないと思います。書類にしても「ちょっと見てもらっていいですか？」というワンクッションがすごく大事で、全部ひとりでやって結果的にうまくいかないよりも、「うまくいかないんですけど、どうしたらいいと思いますか？」と相談する姿勢が大事ではないでしょうか。

秦　つまずいたときに弱音を吐けることは大事ですよね。ひとりで全部抱え込むより、先輩に頼ることが大切だと思います。

──これから保育士になる人へメッセージをお願いします。

秦　成功することばかり意識してしまいがちですけど、いっぱい失敗していいんだよと言いたいです。

中村　本当にそうですね。失敗して落ち込むこともありますけど、うまくできないことは1回諦めて、開き直ってもっと気楽になっていいよと。1年目で自分の身体が大事だと痛感したので、心身ともに健康でいられるように、あまり重く捉えすぎないことを意識しています。

中村《なかむら》みなみ

2021年4月より蓮美幼児学園世田谷ナーサリーで4・5歳児、1歳児クラスを担当。2023年度の世田谷ナーサリーの閉園に伴い、2022年4月より同学園西小山ナーサリーへ異動し、3歳児クラスを担当。

秦《はた》 菜《な》々《な》美《み》

2021年4月より蓮美幼児学園世田谷ナーサリーで2歳児クラスを担当。

著者　浅井拓久也

鎌倉女子大学児童学部児童学科准教授。専門は保育学。保育所や認定こども園の顧問を務めるほか、全国で講演会や研修会を精力的に行う。著書に『マンガでわかる！保育所保育指針　2017年告示対応版』（中央法規出版）、『すぐにできる！保育者のための紙芝居活用ガイドブック』（明治図書出版）、『週案まで書けるようになる！ ライブ 15 講 保育実習指導案・日誌の書き方』（大学図書出版）、『先輩保育者が教えてくれる！連絡帳の書き方のきほん』（翔泳社）など。

Staff

編集・デザイン　有限会社スタジオエクレア
執筆協力　谷口聖、北澤明子
カバー・本文イラスト　モチダちひろ
協力　ユニファ株式会社

内容に関するお問い合わせは
小社ウェブサイトお問い合わせフォームまでお願いいたします。
ウェブサイト　https://www.nihonbungeisha.co.jp/

保育《ほいく》の現場《げんば》ですぐに使《つか》える！
伝《つた》わる文章《ぶんしょう》＆話《はな》し方《かた》のきほん

2023 年 3 月 20 日 第 1 刷発行

著　者　浅井拓久也《あさいたくや》
発行者　吉田芳史
印刷所　株式会社光邦
製本所　株式会社光邦
発行所　株式会社 日本文芸社
〒 100-0003
東京都千代田区一ツ橋 1-1-1　パレスサイドビル 8 F
TEL 03-5224-6460（代表）

Printed in Japan 112230309-112230309 Ⓝ01　(180015)
ISBN978-4-537-22087-2
URL https://www.nihonbungeisha.co.jp/

（編集担当 前川）